KB262883

いちばんやさしい
ハングルの読み方・書き方

読める
書ける
ハングル
가장 쉬운 「한글 읽기·쓰기」
著者　林鍾守・裵晋影

LanguagePLUS
www.langpl.com

はじめに

　本書はハングル（韓国語）の読み書きを目指す人や今までハングルを勉強して失敗した人のために、ハングルの読みと書きを中心に書いた本です。

　日本語は五十音図を覚えるだけで文字が読めますが、ハングルは子音と母音の組み合わせによってさまざまな読み方ができます。もちろん、ハングルにも日本語の五十音図に似た「反切表」というものもありますが、そのすべてを覚えるのはあまり合理的ではありません。そこで、本書ではハングルの子音と母音の組み合わせに重点を置き、今までと違う形で、ハングルの子音と母音を覚えやすく、発音を組み合わせに沿って紹介しています。

　日韓の文化交流が盛んな中で、韓国に訪れた際、レストランでのメニューや観光地での看板・道路標示・簡単な観光案内などを読みたい人向けに書かれた本です。

　本書の特徴は子音と母音を繰り返し書き、「C＋V方式」[Consonant（子音）＋Vowel（母音）]による子音と母音の組み合わせの学習を徹底的にすることにあります。今までのハングルの教材はこれらの部分にあまり重きをおかなかったか、1・2回の読み書き練習だけで、いきなり会話や文法に入る教材が多くありました。このようなやり方が今までハングルの勉強で失敗する大きな原因でした。

　本書は20歳から50歳までの日本人のハングル（韓国語）学習者をもとに実験授業を行い、多くの学習者が読み書きができるようになったという成果をあげています。読み書きができると、その次からは自分の興味を持つハングルに触れやすくなると思います。

　韓国は日本に一番近い国とよく言われていますが、ハングル（韓国語）は日本語に一番近い文法体系を持っています。この教材を通してハングル（韓国語）の読み書きに自信を持てるよう、チャレンジして下さい。皆さんの健闘を祈ります。

　最後に、国立国語研究所の山崎誠さんと鈴木美都代さん、そしてその他多くの皆様にご協力いただいたことを心から感謝申し上げます。

林鍾守・裵晋影

本書のポイント

　本書はハングルの勉強に失敗した人向けの本として、子音と母音を繰り返し書き、C＋V方式による子音と母音の組み合わせの学習を徹底的にする二つの特徴を持っています。

　第一番目は、はじめに接するハングルに親しみやすくするために、練習帳のように基本子音と基本母音を次のように練習します。

1 書き順に沿って練習します。

2 母音又は子音を書きながら発音の練習をします。

3 発音記号を見て母音又は子音を書く練習をします。

4 カタカナを見て母音又は子音を書く練習をします。

5 母音又は子音 ▶ 発音記号又はカタカナの順で繰り返し書き、基本母音と基本子音を完全に覚えます。

　これらの集中的な発音の練習により、次のステップである文字読み準備を確実に整えます。この段階で子音と母音の発音をはっきり覚えないで次に進むとなかなか上達できなくなり、途中でハングルの勉強に失敗するケースが多いのです。

　第二番目に、本書が一番重点を置く子音と母音の組み合わせを大きく四通りに分け、集中的・合理的にハングルを読めるように練習します。

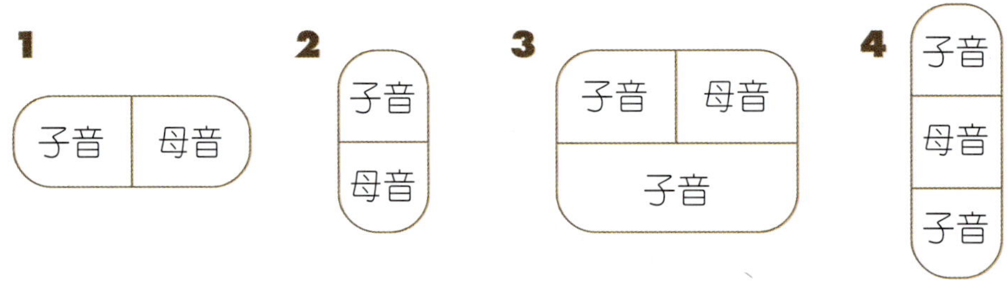

　これらの組み合わせを覚えやすい順に展開し、堅苦しい説明は少なくし実際の練習を多く設けています。また、C＋Vの組み合わせの練習が終わると各課ごとに応用語彙を紹介しています。

　第8課からはC＋Vによる文字練習を日常会話に合わせ、基本的な文法を混ぜて紹介しています。また、各課ごとに韓国の事情を文字練習に交えて簡単に紹介しています。

推薦のことば

　本書はハングルの学習に今までとは違った特別なアプローチをしています。それは、ハングル文字は全部で一万字以上になると聞いていますが、それを子音（Consonant）14字と母音（Vowel）10字の組み合わせによって四つの類型に分けて練習させる練習帳のようなハングルの学習書だという点です。

　ハングルの勉強に何回もチャレンジしたが失敗した、ということをよく聞きますが、私もその一人です。この本は、ハングルの勉強に失敗した、そのような人向けの本としてぴったりです。

　昨年はワールドカップの日韓共催の年であり、日韓国民交流の年として日韓両国の交流が盛んになりましたが、日韓文化交流基金の訪日研究者の一人である林鍾守さんと裵晉影さんの手によって、新しいハングル学習法の本が出版されることは理事長としてまことに嬉しいかぎりです。

　日本では2002年度から大学入試センター試験に韓国語が選択科目に含まれることとなり、日本における韓国語の勉強に拍車が掛かると思います。
　この本が子音と母音、即ち、C＋V方式によるハングルの学習の記念碑的な本となり、この学習書でハングルを勉強する人々が自信を持ってハングルを読め、書けるようになってほしいと思います。

日韓文化交流基金　理事長　熊谷　直博

目　次

1 母音 V |Vowelの略字

ハングル

ハングルは40個の子音と母音で成り立っています。この中には基本母音10個と基本子音14個があり、二重母音11個と二重子音5個を入れると母音は21個で、子音は19個になります。まず、基本母音と基本子音をみてみましょう。

基本母音 | 10個 CD 2

ㅏ	ㅑ	ㅓ	ㅕ	ㅣ
a｜ア	ya｜ヤ	ɔ｜ɔ	yɔ｜ɛ	i｜イ
ㅗ	ㅛ	ㅜ	ㅠ	ㅡ
o｜オ	yo｜ヨ	u｜ウ	yu｜ユ	u̇｜ゥ

基本子音 | 14個 CD 3

ㄱ	ㄴ	ㄷ	ㄹ	ㅁ	ㅂ	ㅅ
k·g	n	t·d	r	m	p·b	s
ㅇ	ㅈ	ㅊ	ㅋ	ㅌ	ㅍ	ㅎ
ø	j	ch	kh	th	ph	h

ハングルの基本母音は10個で、「ㅏ・ㅑ・ㅓ・ㅕ・ㅣ・ㅗ・ㅛ・ㅜ・ㅠ・ㅡ」があります。
このなかで「ㅏ・ㅑ・ㅓ・ㅕ・ㅣ」の五つは子音の横に書き、「ㅗ・ㅛ・ㅜ・ㅠ・ㅡ」は子音
の下に書きます。これらの母音は日本語のア行（日本語の五つの母音）のようなものです。

1 横に書く母音（五つ）　　　CD 4

① ㅏ ［ a・ア ］　　日本語の「ア」の発音と同じである。

② ㅑ ［ ya・ヤ ］　　日本語の「ヤ」の発音と同じである。

③ ㅓ ［ ɔ・オ̇ ］　　「ア」の口の形をして「オ」を発音する。ここでは「オ」の発音と区別
　　　　　　　　するため「オ̇」と表記する。

④ ㅕ ［ yɔ・ヨ̇ ］　　「ヤ」の口の形をして「ヨ」を発音する。ここでは「ヨ」の発音と区別
　　　　　　　　するため、「ヨ̇」と表記する。

⑤ ㅣ ［ i・イ ］　　日本語の「イ」の発音と同じである。

書き順に沿って書いてみよう。

ㅏ	ㅣ	ㅏ				
ㅑ	ㅣ	ㅣ	ㅑ			
ㅓ	ㅡ	ㅓ				
ㅕ	ㅡ	ㅡ	ㅕ			
ㅣ	ㅣ					

 発音記号を見て母音を書いてみよう。

a	ㅏ								
ya	ㅑ								
ɔ	ㅓ								
yɔ	ㅕ								
i	ㅣ								

 カタカナを見て母音を書いてみよう。

ア	ㅏ							
ヤ	ㅑ							
オ	ㅓ							
ヨ	ㅕ							
イ	ㅣ							

 母音 ▶ 発音記号の順で書いてみよう。

ㅏ	a	ㅏ	a				
ㅑ	ya	ㅑ	ya				
ㅓ	ɔ	ㅓ	ɔ				
ㅕ	yɔ	ㅕ	yɔ				
ㅣ	i	ㅣ	i				

 母音 ▶ カタカナの順で書いてみよう。

ㅏ	ア	ㅏ	ア				
ㅑ	ヤ	ㅑ	ヤ				
ㅓ	オ	ㅓ	オ				
ㅕ	ヨ	ㅕ	ヨ				
ㅣ	イ	ㅣ	イ				

 発音記号を見て母音を書いてみよう。

a				ɔ			
ya				yɔ			
ɔ				i			
yɔ				a			
i				ya			

 カタカナを見て母音を書いてみよう。

ア				ヤ			
ヤ				ヨ			
オ				ア			
ヨ				イ			
イ				オ			

2 子音の下に書く母音（五つ）

① ⊥ [o・オ]　　日本語の「オ」の発音と同じである。

② ⊥⊥ [yo・ヨ]　　日本語の「ヨ」の発音と同じである。

③ ⊤ [u・ウ]　　日本語の「ウ」の発音と同じである。

④ ⊤⊤ [yu・ユ]　　日本語の「ユ」の発音と同じである。

⑤ — [u̇・ゥ]　　「イ」の口の形で「ウ」を発音する。ここでは、「ウ」の発音と区別するため、「ゥ」と表記する。

書き順に沿って書いてみよう。

⊥	｜	⊥				
⊥⊥	｜	｜｜	⊥⊥			
⊤	—	⊤				
⊤⊤	—	⊤	⊤⊤			
—	—					

ハングルは母音だけでは文字になりません。母音だけの発音を表す場合には「ㅇ」を用いて一文字を表します（「ㅇ＋母音」）。この「ㅇ」は子音ですが、語頭に出る場合は発音しません。

아　야　어　여　이　오　요　우　유　으

 発音記号を見て母音を書いてみよう。

o	ㅗ							
yo	ㅛ							
u	ㅜ							
yu	ㅠ							
ù	ㅡ							

 カタカナを見て母音を書いてみよう。

オ	ㅗ							
ヨ	ㅛ							
ウ	ㅜ							
ユ	ㅠ							
・ウ	ㅡ							

 母音 ▶ 発音記号の順で書いてみよう。

ㅗ	o	ㅗ	o			
ㅛ	yo	ㅛ	yo			
ㅜ	u	ㅜ	u			
ㅠ	yu	ㅠ	yu			
ㅡ	ù	ㅡ	ù			

 母音 ▶ カタカナの順で書いてみよう。

ㅗ	オ	ㅗ	オ						
ㅛ	ヨ	ㅛ	ヨ						
ㅜ	ウ	ㅜ	ウ						
ㅠ	ユ	ㅠ	ユ						
ㅡ	ウ	ㅡ	ウ						

 発音記号を見て母音を書いてみよう。

o				u̇				
yo				yu				
u				o				
yu				yo				
u̇				u				

 カタカナを見て母音を書いてみよう。

オ				ウ				
ヨ				オ				
ウ				ウ				
ユ				ユ				
ウ				ヨ				

단군신화 [tan gun sin hwa] | 檀君神話

　正しくは檀君記で、檀君の出生に関する物語です。桓因の息子桓雄が天から降り、太白山の神檀樹の下で天下を治めようとしていた時に、虎と熊が来て人間になりたいと願います。そこで桓雄は洞窟の中で「ヨモギ」と「にんにく」だけを食べながら100日間祈ることができれば人間になれると教えます。しかし、虎は我慢できず、外に出てしまいます。一方、熊は100日間我慢強く耐え、人間になります。人間になった熊「熊女」は桓雄と結婚し、この二人の間に生まれた了が「檀君」です。

　当時は小さな部族があちこちに住んでいて、各部族には彼らだけが仰ぐ神がいました。虎と熊はお互いに違う部族らが仰いだ守護神だと思われます。

　ここで、熊は人間になり、虎は人間になれなかったというのは、熊と虎を崇拝していた二つの部族が戦い、熊を崇拝する部族が勝ったということを意味するのではないでしょうか。

2 子音 c | Consonantの略字

ハングルの基本子音は「ㄱ・ㄴ・ㄷ・ㄹ・ㅁ・ㅂ・ㅅ・ㅇ・ㅈ・ㅊ・ㅋ・ㅌ・ㅍ・ㅎ」の14個で、第1課で学んだ母音と組み合わせて初めて1つの文字になります。まず、ここでは基本子音の14個を覚えましょう。

CD 7

① ㄱ [k·g]　　語頭では[k]、語中・語尾では[g]の発音になる。

② ㄴ [n]　　日本語の「ナ」行の音とほとんど同じである。

③ ㄷ [t·d]　　語頭では[t]、語中・語尾では[d]の発音になる。

④ ㄹ [r]　　日本語の「ラ」行の音とほとんど同じである。

⑤ ㅁ [m]　　日本語の「マ」行の音とほとんど同じである。

⑥ ㅂ [p·b]　　語頭では[p]、語中・語尾では[b]の発音になる。

⑦ ㅅ [s]　　日本語の「サ」行の音とほとんど同じである。

 書き順に沿って書いてみよう。

ㄱ	ㄱ						
ㄴ	ㄴ						
ㄷ	ㄱ	ㄷ					
ㄹ	ㄱ	ㄱ	ㄹ				
ㅁ	ㅣ	ㄱ	ㅁ				
ㅂ	ㅣ	ㅣㅣ	ㅐ	ㅂ			
ㅅ	ノ	ㅅ					

 子音を見て発音記号を書いてみよう。

ㄱ	k·g				ㄴ				
ㄴ	n				ㅂ				
ㄷ	t·d				ㄱ				
ㄹ	r				ㅅ				
ㅁ	m				ㄷ				
ㅂ	p·b				ㅁ				
ㅅ	s				ㄹ				

 発音記号を見て子音を書いてみよう。

k·g	ㄱ				n				
n	ㄴ				k·g				
t·d	ㄷ				p·b				
r	ㄹ				s				
m	ㅁ				m				
p·b	ㅂ				t·d				
s	ㅅ				r				

発音記号が二つある場合、語頭に来る時は前の発音記号にするが、語頭以外では後の発音記号をとる。少しややこしいですが、覚えておくと、より韓国語の発音に近づきます。

 子音 ▶ 発音記号の順で書いてみよう。

ㄱ	k·g	ㄱ	k·g						
ㄴ	n	ㄴ	n						
ㄷ	t·d	ㄷ	t·d						
ㄹ	r	ㄹ	r						
ㅁ	m	ㅁ	m						
ㅂ	p·b	ㅂ	p·b						
ㅅ	s	ㅅ	s						

 発音記号を見て子音を書いてみよう。

k·g				m			
n				p·b			
t·d				s			
r				r			
m				k·g			
p·b				n			
s				t·d			

今までは、ハングルの基本子音14個の中の7個を学習しました。今度は残りの7個を見ることにしましょう。

CD 8

①　ㅇ　[ø]　　語頭では発音しない。

②　ㅈ　[j]　　日本語の「ザ」行の音とほとんど同じである。

③　ㅊ　[ch]　　「ツ」の発音を息を吐き出すように発音する。

④　ㅋ　[kh]　　「k」の発音を息を吐き出すように発音する。

⑤　ㅌ　[th]　　「t」の発音を息を吐き出すように発音する。

⑥　ㅍ　[ph]　　「p」の発音を息を吐き出すように発音する。

⑦　ㅎ　[h]　　日本語の「ハ」行の音とほとんど同じである。

書き順に沿って書いてみよう。

ㅇ	ㅇ			
ㅈ	フ	ㅈ		
ㅊ	˙	ㅋ	ㅊ	
ㅋ	フ	ㅋ		
ㅌ	ㅡ	ㅡ	ㅌ	
ㅍ	ㅡ	ㅜ	ㅛ	ㅍ
ㅎ	˙	ㅡ	ㅎ	

 子音を見て発音記号を書いてみよう。

ㅇ	ø				ㅋ				
ㅈ	j				ㅎ				
ㅊ	ch				ㅇ				
ㅋ	kʰ				ㅍ				
ㅌ	tʰ				ㅈ				
ㅍ	pʰ				ㅊ				
ㅎ	h				ㅌ				

 発音記号を見て子音を書いてみよう。

ø	ㅇ				tʰ				
j	ㅈ				ch				
ch	ㅊ				pʰ				
kʰ	ㅋ				ø				
tʰ	ㅌ				h				
pʰ	ㅍ				j				
h	ㅎ				kʰ				

 子音 ▶ 発音記号の順で書いてみよう。

ㅇ	ø	○	ø					
ㅈ	j	ㅈ	j					
ㅊ	ch	ㅊ	ch					
ㅋ	kh	ㅋ	kh					
ㅌ	th	ㅌ	th					
ㅍ	ph	ㅍ	ph					
ㅎ	h	ㅎ	h					

 発音記号を見て子音を書いてみよう。

ø				ph			
j				th			
ch				h			
kh				ø			
th				ch			
ph				j			
h				kh			

온돌 [on dol] ｜ オンドル（温突）

韓国固有の暖房設備で生活習慣と密接な関係があり、ほとんどの家で使われています。日本の床暖房に近いオンドル（温突）は、もともと、床下に敷いた平たい石に火気を投入し、温度が高くなった石が放出する熱で部屋を暖めるものでした。

韓国で暖房設備が初めて作られたのは新石器時代です。農耕生活が始まり人々は定住するようになり、その頃から食事をするための道具とともに家の中を暖かくすることができる「オンドル」のもとになるものが作られはじめたのです。

온돌 on dol

日本語の場合、漢字には何通りもの読み方がありますが、韓国語ではほぼ一つです。したがって漢字一つ一つの読み方を覚えておくと、あとは組み合わせでいろいろな単語が読めます。以下の例を見てみましょう。

온 돌（温突）
on dol

온 풍（温風）
on phung

돌 격（突撃）
tol gyɔg

편의점 [phyɔn ùi jɔm] ｜ コンビニ（便宜店）

韓国のコンビニでは日本のようにおにぎりも販売していて、最近、若者に大変愛されているものの一つです。また、コンビニの種類は日本に負けないくらい多数あり、韓国だけにあるコンビニもあります。

편의점 phyɔn ùi jɔm
(phyɔn i jɔm ▶p.56参考)

편 리（便利）
phyɔn ri

서 점（書店）
sɔ jɔm

매 점（売店）
me jɔm

상 점（商店）
sang jɔm

3 　子音 母音 C+V方式1及び応用

ここでは皆さんが学習した子音と母音を用いてハングル文字の読み書きを学習します。ハングル文字の構成はまず子音を書き、母音を子音の右側または、下に書きます。読む際は子音の発音記号＋母音の発音記号を同時に読みます。

 例

가족(家族) ▶ ㄱ[k] ＋ ㅏ[a] ＝ 가[ka]

미술(美術) ▶ ㅁ[m] ＋ ㅣ[i] ＝ 미[mi]

「ㄱ」の発音は「k・g」2つありますが、語頭では前の発音をし、語中・語尾では後の発音をします。2つの発音を持っている場合には、同じく使い分けて発音してください。

 まず、子音を書き、そのつぎに子音の横に母音を書いてみよう。 CD 9

子音 ＼ 母音	ㅏ	ㅑ	ㅓ	ㅕ	ㅣ
ㄱ	가		거		기
ㄴ		냐		녀	
ㄷ	다		더		디
ㄹ		랴		려	
ㅁ	마		머		미
ㅂ		뱌		벼	
ㅅ	사		서		시

 文字を書きながら読んでみよう。（[　]のなかに発音記号を）

子音＼母音	ㅏ [a]	ㅑ [ya]	ㅓ [ɔ]	ㅕ [yɔ]	ㅣ [i]
ㄱ [k]	가 [ka]	[　]	거 [kɔ]	[　]	기 [ki]
ㄴ [n]	[　]	냐 [nya]	[　]	녀 [nyɔ]	[　]
ㄷ [t]	다 [ta]	[　]	더 [tɔ]	[　]	디 [ti]
ㄹ [r]	[　]	랴 [rya]	[　]	려 [ryɔ]	[　]
ㅁ [m]	마 [ma]	[　]	머 [mɔ]	[　]	미 [mi]
ㅂ [p]	[　]	뱌 [pya]	[　]	벼 [pyɔ]	[　]
ㅅ [s]	사 [sa]	[　]	서 [sɔ]	[　]	시 [si]

 発音記号を見てまず子音を書き、つぎに母音の順で書いてみよう。

子音＼母音	a	ya	ɔ	yɔ	i
k	가		거		기
n		냐		녀	
t	다		더		디
r		랴		려	
m	마		머		미
p		뱌		벼	
s	사		서		시

 文字を書きながら読んでみよう。（[　]のなかに発音記号を）

子音 ＼ 母音	├ [a]	├ [ya]	┤ [ɔ]	┤ [yɔ]	│ [i]
ㄱ [k]	[　]	[　]	[　]	[　]	[　]
ㄴ [n]	[　]	[　]	[　]	[　]	[　]
ㄷ [t]	[　]	[　]	[　]	[　]	[　]
ㄹ [r]	[　]	[　]	[　]	[　]	[　]
ㅁ [m]	[　]	[　]	[　]	[　]	[　]
ㅂ [p]	[　]	[　]	[　]	[　]	[　]
ㅅ [s]	[　]	[　]	[　]	[　]	[　]

 発音記号を見てまず子音を書き、つぎに母音の順で書いてみよう。

子音 ＼ 母音	a	ya	ɔ	yɔ	i
k					
n					
t					
r					
m					
p					
s					

例

 まず、子音を書き、そのつぎに子音の横に母音を書いてみよう。 CD 10

子音 ＼ 母音	ㅏ	ㅑ	ㅓ	ㅕ	ㅣ
ㅇ	아		어		이
ㅈ		쟈		져	
ㅊ	차		처		치
ㅋ		캬		켜	
ㅌ	타		터		티
ㅍ		퍄		펴	
ㅎ	하		허		히

文字を書きながら読んでみよう。（[ ]のなかに発音記号を）

子音＼母音	ㅏ [a]	ㅑ [ya]	ㅓ [ɔ]	ㅕ [yɔ]	ㅣ [i]
ㅇ [ø]	아 [a]	[ ]	어 [ɔ]	[ ]	이 [i]
ㅈ [j]	[ ]	쟈 [jya]	[ ]	져 [jyɔ]	[ ]
ㅊ [ch]	차 [cha]	[ ]	쳐 [chɔ]	[ ]	치 [chi]
ㅋ [kh]	[ ]	캬 [khya]	[ ]	켜 [khyɔ]	[ ]
ㅌ [th]	타 [tha]	[ ]	터 [thɔ]	[ ]	티 [thi]
ㅍ [ph]	[ ]	퍄 [phya]	[ ]	펴 [phyɔ]	[ ]
ㅎ [h]	하 [ha]	[ ]	허 [hɔ]	[ ]	히 [hi]

発音記号を見てまず子音を書き、つぎに母音の順で書いてみよう。

子音＼母音	a	ya	ɔ	yɔ	i
ø	아		어		이
j		쟈		져	
ch	자		처		치
kh		캬		켜	
th	타		터		티
ph		퍄		펴	
h	하		허		히

「ø」は語頭に来る時は発音しない。

27

 文字を書きながら読んでみよう。（[　]のなかに発音記号を）

子音 ＼ 母音	ㅏ [a]	ㅑ [ya]	ㅓ [ɔ]	ㅕ [yɔ]	ㅣ [i]
ㅇ [ø]	[　]	[　]	[　]	[　]	[　]
ㅈ [j]	[　]	[　]	[　]	[　]	[　]
ㅊ [ch]	[　]	[　]	[　]	[　]	[　]
ㅋ [kh]	[　]	[　]	[　]	[　]	[　]
ㅌ [th]	[　]	[　]	[　]	[　]	[　]
ㅍ [ph]	[　]	[　]	[　]	[　]	[　]
ㅎ [h]	[　]	[　]	[　]	[　]	[　]

 発音記号を見てまず子音を書き、つぎに母音の順で書いてみよう。

子音 ＼ 母音	a	ya	ɔ	yɔ	i
ø					
j					
ch					
kh					
th					
ph					
h					

1 次の単語を聞いて読んでみましょう。

＊ 陰になっている文字は子音の下に書く母音です。このような組み合わせは第４課で学びます。

2 次の単語を聞いて発音記号を書いてみましょう。

① 

아이
（子ども）

다리
（足・橋）

나비
（蝶）

머리
（頭）

 키
背丈)

 차
（お茶・車）

 나라
（国）

 어디
（どこ）

 바나나
（バナナ）

②  사다
（買う）

 가다
（行く）

 주다
（あげる）

 마시다
（飲む）

판문점 [pʰan mun jɔm] ｜板門店

ソウルの北西62キロほどの所にある板門店は、公式にはUN軍と北朝鮮軍の共同警備区域「Joint Security Area」と呼ばれています。また、ここは韓国と北朝鮮の間、行政管轄権のない特別な所でもあります。

板門店は1953年、朝鮮戦争の休戦協定が調印された場所です。が、本来の会談が行われた場所は現在の位置から1キロほど離れていました。また、板門店と名づけられたのは休戦会談の場所が現在の所に移されてからです。

판문점 pʰan mun jɔm

ここで使われている漢字の発音記号をしっかり覚え、他の言葉に応用してみましょう。

간 판 (看板)
kan　phan

정 문 (正門)
jɔng　mun

개 점 (開店)
ke　jɔm

폐 점 (閉店)
phe　jɔm

つぎの母音「ㅗ・ㅛ・ㅜ・ㅠ・ㅡ」は子音の下に書きます。まず、子音を書き、つぎに母音を下に書きます。発音は子音の発音記号と母音の発音記号を一緒に発音します。

例
소(牛)　▶ ㅅ[s] ＋ ㅗ[o] ＝ 소[so]
무(大根)　▶ ㅁ[m] ＋ ㅜ[u] ＝ 무[mu]

 まず、子音を書き、そのつぎに子音の下に母音を書いてみよう。CD 12

子音 ＼ 母音	ㅗ	ㅛ	ㅜ	ㅠ	ㅡ
ㄱ	고		구		그
ㄴ		뇨		뉴	
ㄷ	도		두		드
ㄹ		료		류	
ㅁ	모		무		므
ㅂ		뵤		뷰	
ㅅ	소		수		스

 文字を書きながら読んでみよう。（[ ]のなかに発音記号を）

子音 ＼ 母音	⊥ [o]	⊥⊥ [yo]	ㅜ [u]	ㅠ [yu]	― [ů]
ㄱ [k]	고 [ko]	[ ]	구 [ku]	[ ]	그 [ků]
ㄴ [n]	[ ]	뇨 [nyo]	[ ]	뉴 [nyu]	[ ]
ㄷ [t]	도 [to]	[ ]	두 [tu]	[ ]	드 [tů]
ㄹ [r]	[ ]	료 [ryo]	[ ]	류 [ryu]	[ ]
ㅁ [m]	모 [mo]	[ ]	무 [mu]	[ ]	므 [mů]
ㅂ [p]	[ ]	뵤 [pyo]	[ ]	뷰 [pyu]	[ ]
ㅅ [s]	소 [so]	[ ]	수 [su]	[ ]	스 [sů]

 発音記号を見てまず子音を書き、つぎに母音の順で書いてみよう。

子音 ＼ 母音	o	yo	u	yu	ů
k	고		구		그
n		뇨		뉴	
t	도		두		드
r		료		류	
m	모		무		므
p		뵤		뷰	
s	소		수		스

 文字を書きながら読んでみよう。（[　]のなかに発音記号を）

子音　＼　母音	ㅗ [o]	ㅛ [yo]	ㅜ [u]	ㅠ [yu]	― [ǔ]
ㄱ [k]	[　]	[　]	[　]	[　]	[　]
ㄴ [n]	[　]	[　]	[　]	[　]	[　]
ㄷ [t]	[　]	[　]	[　]	[　]	[　]
ㄹ [r]	[　]	[　]	[　]	[　]	[　]
ㅁ [m]	[　]	[　]	[　]	[　]	[　]
ㅂ [p]	[　]	[　]	[　]	[　]	[　]
ㅅ [s]	[　]	[　]	[　]	[　]	[　]

 発音記号を見てまず子音を書き、つぎに母音の順で書いてみよう。

子音　＼　母音	o	yo	u	yu	ǔ
k					
n					
t					
r					
m					
p					
s					

まず、子音を書き、そのつぎに子音の下に母音を書いてみよう。**CD 13**

子音 ＼ 母音	ㅗ	ㅛ	ㅜ	ㅠ	ㅡ
ㅇ	오		우		으
ㅈ		죠		쥬	
ㅊ	초		추		츠
ㅋ		쿄		큐	
ㅌ	토		투		트
ㅍ		표		퓨	
ㅎ	호		후		흐

文字を書きながら読んでみよう。（[ ]のなかに発音記号を）

子音＼母音	ㅗ [o]	ㅛ [yo]	ㅜ [u]	ㅠ [yu]	― [ù]
ㅇ [ø]	오 [o]	[ ]	우 [u]	[ ]	으 [ù]
ㅈ [j]	[ ]	죠 [jyo]	[ ]	쥬 [jyu]	[ ]
ㅊ [ch]	초 [cho]	[ ]	추 [chu]	[ ]	츠 [chù]
ㅋ [kʰ]	[ ]	쿄 [khyo]	[ ]	큐 [khyu]	[ ]
ㅌ [tʰ]	토 [tho]	[ ]	투 [thu]	[ ]	트 [thù]
ㅍ [pʰ]	[ ]	표 [phyo]	[ ]	퓨 [phyu]	[ ]
ㅎ [h]	호 [ho]	[ ]	후 [hu]	[ ]	흐 [hù]

発音記号を見てまず子音を書き、つぎに母音の順で書いてみよう。

子音＼母音	o	yo	u	yu	ù
ø	오		우		으
j		죠		쥬	
ch	초		추		츠
kh		쿄		큐	
th	토		투		트
ph		표		퓨	
h	호		후		흐

文字を書きながら読んでみよう。([　]のなかに発音記号を)

母音 子音	ㅗ [o]	ㅛ [yo]	ㅜ [u]	ㅠ [yu]	ㅡ [u̇]
ㅇ [ø]	[　]	[　]	[　]	[　]	[　]
ㅈ [j]	[　]	[　]	[　]	[　]	[　]
ㅊ [ch]	[　]	[　]	[　]	[　]	[　]
ㅋ [kh]	[　]	[　]	[　]	[　]	[　]
ㅌ [th]	[　]	[　]	[　]	[　]	[　]
ㅍ [ph]	[　]	[　]	[　]	[　]	[　]
ㅎ [h]	[　]	[　]	[　]	[　]	[　]

発音記号を見てまず子音を書き、つぎに母音の順で書いてみよう。

母音 子音	o	yo	u	yu	u̇
ø					
j					
ch					
kh					
th					
ph					
h					

1 次の単語を聞いて読んでみましょう。

＊「호박」の「박」の文字は次の第5課で学びます。（子音＋母音＋子音の組み合わせ）

＊「토끼」の「끼」の文字は二重子音として第7課で学びます。

2 次の単語を聞いて発音記号を書いてみましょう。

① 

 소포
(小包)

 오후
(午後)

 우유
(牛乳)

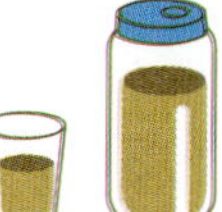 보리차
(麦茶)

②   아프다
(痛い)

 크다
(大きい)

 배고프다
(お腹が空く)

 흐리다
(曇る)

③  보다
(見る)

 모르다
(分からない・知らない)

 두다
(置く)

 오다
(来る)

 고르다
(選ぶ)

인디언 보이 | 十人のインディアン  CD 15

5 　子音 母音／子音　C+V+C方式1及び応用

ここでは、日本語にはない形「子音＋母音＋子音」を学習します。この組み合わせの最後に
来る子音を韓国語では「받침(バッチム)」(＝終声)と言います。この「子音＋母音＋子音」の
形は2種類あります。まず、「子音＋母音」の下に子音を書く形の文字を学習します。

終声にはすべての子音を用いることができますが、発音は「ㄱ・ㄴ・ㄷ・ㄹ・ㅁ・ㅂ・ㅇ」
だけに絞られます。これらの子音以外はつぎのように発音が変わります。

終声子音	発音	例
ㄱ, ㅋ	g	국, 부엌
ㄴ	n	문, 눈
ㄷ, ㅅ, ㅈ, ㅊ, ㅌ, ㅎ	t	갇, 갓, 잦, 낮, 낱, 낳
ㄹ	l	쌀, 열
ㅁ	m	봄, 김
ㅂ, ㅍ	p	십, 잎
ㅇ	ng「ん」	송, 영

例　会話文に見る　子音 母音／子音

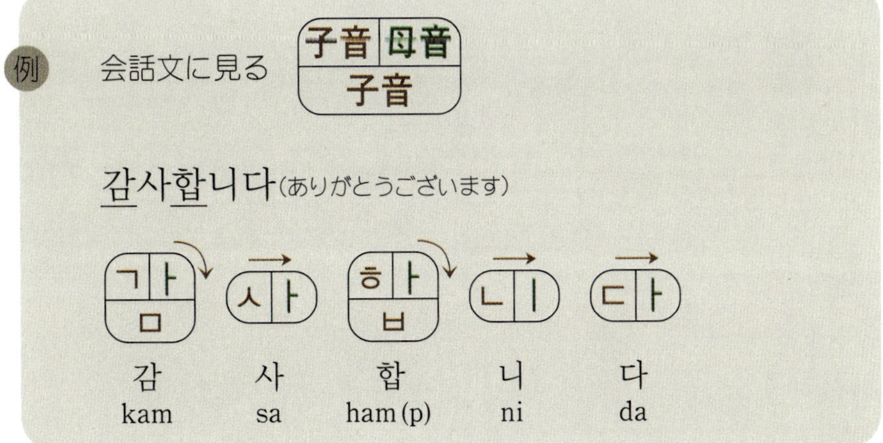

まず、子音を書き、横に母音を書き、その下に子音を書きます。
順番に沿って書いてみよう。 CD 16

子音＼母音	ㅏ	ㅑ	ㅓ	ㅕ	ㅣ
ㄱ	간		건		긴
ㄴ		냑		녁	
ㄷ	달		덜		딜
ㄹ		럄		렴	
ㅁ	맙		몁		밉
ㅂ		뱟		볏	
ㅅ	삭		석		식

発音記号を練習しよう。書き順は① ▶ ② ▶ ③になります。

子音＼母音	ㅏ②	ㅑ	ㅓ	ㅕ	ㅣ
ㄱ① ㄴ③	kan		kɔn		kin
ㄴ ㄱ		nyag		nyɔg	
ㄷ	tal		tɔl		til
ㄹ		ryam		ryɔm	
ㅁ	map		mɔp		mip
ㅂ		pyat		pyɔt	
ㅅ ㄱ	sag		sɔg		sig

▶ 終声としての子音の場合には今までの発音記号と違う場合もあるので気をつけてくださいね。

発音記号を見て文字を書いてみよう。

子音＼母音	a	ya	ɔ	yɔ	i
k					
n					
n					
g (ㄱ)					
t					
l					
r					
m					
m					
p (ㅂ)					
p					
s					
s					
g (ㄱ)					

▶「ㅍ」は最後に来るので「ㅂ」の発音になります。忘れていませんね。

書き順は子音 ▶ 母音 ▶ 子音になります。
順番に沿って書いてみよう。

CD 17

子音 ＼ 母音	ㅏ	ㅑ	ㅓ	ㅕ	ㅣ
ㅇ ㅍ ㅈ	앞		엄		잎
ㅇ ㅈ ㅊ		쟝		졍	
ㅊ ㄱ ㅋ	착		척		칙
ㅋ ㄹ ㅌ		캴		켤	
ㅌ ㅁ ㅍ	탐		텀		팀
ㅍ ㅂ		퍕		폅	
ㅎ ㄴ	한		헌		힌

発音記号を練習しよう。書き順は ① ▶ ② ▶ ③ になります。

子音 ＼ 母音	ㅏ②	ㅑ	ㅓ	ㅕ	ㅣ
ㅇ① ㅍ③	ap		ɔp		ip
ㅈ		jyang		jyɔng	
ㅇ ㅊ ㄱ	chag		chɔg		chig
ㅋ ㄹ		khyal		khyɔl	
ㅌ ㅁ	tham		thɔm		thim
ㅍ ㅂ		phyap		phyɔp	
ㅎ ㄴ	han		hɔn		hin

▶ 終声としての子音の場合には今までの発音記号と違う場合もあるので気をつけてくださいね。

発音記号を見て文字を書いてみよう。

子音 ＼ 母音	a	ya	ɔ	yɔ	i
ø					
p (ㅍ)					
j					
ng					
ch					
g (ㄱ)					
kh					
l					
th					
m					
ph					
p (ㅂ)					
h					
n					

CD 18

1 次の単語を聞いて読んでみましょう。

2 次の単語を聞いて発音記号を書いてみましょう。

반지
(指輪) ________________

말
(馬) ________________

수박
(スイカ) ________________

천사
(天使) ________________

호박
(かぼちゃ) ________________

전화
(電話) ________________

전구
(電球) ________________

달리기
(かけっこ) ________________

＊「전화」の「ㅘ」は二重母音で第7課で学びます。発音は「wa」になります。

46

mal	su-bag
chɔn-sa	ho-bag
jɔn-hwa	pan-ji
tal-ri-gi	jɔn-gu

4 韓国語は発音記号に、発音記号は韓国語に直してみましょう。

① san
（山）

약
（薬）

맛
（味）

kam
（柿）

② 얼마
（いくら）

chin-gu
（友達）

비빔밥
（ビビンバ）

③ man-na-da
（会う）

반갑다
（[会えて]嬉しい）

말하다
（言う）

in-sa-ha-da
（挨拶する）

階別にどうなっているか、呼び名を中心に見てみましょう。ここでは、ソウルの中心にあるデパートを例にあげています。日本のデパートと比べてみてください。

레스토랑
レストラン街

레스토랑・면세점
レストラン街・免税店

면세점
免税店

멀티플라자
マルチプラザ

가구・생활용품
家具・生活用品

가정・아동용품
家庭・子供用品

스포츠
スポーツ

신사복
紳士服

뷰티크
ブティック

캐주얼
タウンカジュアル

영캐주얼
ヤングカジュアル

패션 잡화
ファッション雑貨

식품
食品

6 

子音 / 母音 / 子音　**C+V+C方式2及び応用**

 例

문(門) ▶ ㅁ[m]＋ㅜ[u]＋ㄴ[n] ＝ 문[mun]

손(手) ▶ ㅅ[s]＋ㅗ[o]＋ㄴ[n] ＝ 손[son]

まず、子音を書き、下に母音を書き、その下に子音を書きます。
順番に沿って書いてみよう。　CD 19

子音＼母音	ㅗ	ㅛ	ㅜ	ㅠ	ㅡ
ㄱ/ㄴ	곤		군		근
ㄴ/ㄱ		뇩		뉵	
ㄷ/ㄹ	돌		둘		들
ㄹ/ㅁ		룜		륨	
ㅁ/ㅂ	몹		뭅		믑
ㅂ/ㅅ		봇		뷧	
ㅅ/ㄱ	속		숙		슥

 発音記号を練習しよう。書き順は ① ▶ ② ▶ ③ になります。

子音＼母音	⊥ ②	⊥⊥	⊤	⊤⊤	—
ㄱ① ㄴ③	kon ①②③		kun		kün
ㄴ ㄱ		nyog		nyug	
ㄷ	tol		tul		túl
ㄹ ㅁ		ryom		ryum	
ㅇ ㅂ	mop		mup		müp
ㅂ ㅅ		pyot		pyut	
ㅅ ㄱ	sog		sug		súg

▶ 終声としての子音の場合には今までの発音記号と違う場合もあるので気をつけてくださいね。

 発音記号を見て文字を書いてみよう。

子音＼母音	o	yo	u	yu	ú
k					
n					
n g (ㄱ)					
t					
l					
r					
m					
m p (ㅂ)					
p t (ㅅ)					
s					
g (ㄱ)					

▶ 「ㅇ」は最後に来る子音では[ng]の発音になること、忘れていませんね。

書き順は子音 ▶ 母音 ▶ 子音になります。
順番に沿って書いてみよう。

CD 20

子音 ＼ 母音	ㅗ	ㅛ	ㅜ	ㅠ	ㅡ
ㅇ ㄴ	온		운		은
ㅈ ㅇ		죵		즁	
ㅊ ㄱ	촉		축		측
ㅋ ㄹ		쿌		큎	
ㅌ ㅁ	톰		툼		틈
ㅍ ㅂ		퐄		픊	
ㅎ ㄴ	혼		훈		흔

発音記号を練習しよう。書き順は ① ▶ ② ▶ ③ になります。

子音 ＼ 母音	ㅗ②	ㅛ	ㅜ	ㅠ	ㅡ
ㅇ① ㄴ③	on		un		ŭn
ㅈ		jyong		jyung	
ㅇ ㅊ	chog		chug		chŭg
ㄱ ㅋ		khyol		khyul	
ㄹ ㅌ	thom		thum		thŭm
ㅁ ㅍ		phyop		phyup	
ㅂ ㅎ ㄴ	hon		hun		hŭn

▶ 終声としての子音の場合には今までの発音記号と違う場合もあるので気をつけてくださいね。

発音記号を見て文字を書いてみよう。

子音 ＼ 母音	o	yo	u	yu	ŭ
ø					
n					
j					
ng					
ch					
g (ㄱ)					
kh					
l					
th					
m					
ph					
p (ㅂ)					
h					
n					

1 次の単語を聞いて読んでみましょう。

2 韓国語（ハングル）は発音記号に、発音記号は韓国語に直してみましょう。

① ton
（お金）＿＿＿＿＿＿＿＿＿＿

눈
（雪・目）＿＿＿＿＿＿＿＿＿＿

분
（ドア・門）＿＿＿＿＿＿＿＿＿＿

kŭm
（金・ひび）＿＿＿＿＿＿＿＿＿＿

son
（手）＿＿＿＿＿＿＿＿＿＿

봄
（春）＿＿＿＿＿＿＿＿＿＿

② 한국
（韓国）＿＿＿＿＿＿＿＿＿＿

il-bon
（日本）＿＿＿＿＿＿＿＿＿＿

미국
（アメリカ）

③ 종교
（宗教）

hong-cha
（紅茶）

ki-bun
（気分・気持ち）

④ 춥다
（寒い）

jo-yong-ha-da
（静かだ）

chung-bun-ha-da
（十分だ）

⑤ ul-da
（泣く）

묻다
（聞く）

jun-bi-ha-da
（準備する）

질문하다
（質問する）

출국하다
（出国する）

tol-a-o-da
（帰ってくる）

중국
（中国）

kong-bu
（勉強）

녹차
（緑茶）

축구
（サッカー）

늦다
（遅い）

불편하다
（不便だ）

phyɔn-ri-ha-da
（便利だ）

돕다
（手伝う）

nol-da
（遊ぶ）

운동하다
（運動する）

연습하다
（練習する）

phi-gon-ha-da
（疲れている）

입국하다
（入国する）

ハングルのキーボードの配列

　ハングルは子音と母音の組み合わせにより文字が成り立っており、ハングルを入力する際も文字の組み合わせと同じように順番に入力します。

　下のキーボード配列を覚えておくと、皆さんのコンピューターでもハングル文字を打つことができます（もちろん、ハングルのダウンロードが必要ですが。）。

✚ つぎの文を入力してみてください。

안녕하세요. 처음 뵙겠습니다.
이렇게 만나게 되어 정말로 반갑습니다.
저는 일본에서 온 야마다 하나코라고 합니다.
지금 한국어를 공부하고 있습니다.
한글은 영어와는 달리 일본어와 문법이 거의 비슷합니다.
그래서 회화를 하는데에는 부담이 적은 것 같습니다.
열심히 한글을 공부해서 한국의 여러 곳에 여행을 가는 것이 제 꿈입니다. 그리고 그 곳에서 많은 한국 친구들을 만들고 싶습니다.
아직 한국말을 잘 못하지만 여러분과 친구가 되고 싶습니다.
앞으로 잘 부탁드립니다.
감사합니다.

7 二重母音・二重子音

1 二重母音

二重母音は基本母音を、二重子音は基本子音を組み合わせたものです。次のように二重母音は11個で、二重子音は5個あります。

CD 22

① エ[e]
  a ㅐ[e] : ㅏ + ㅣ ▶ ㅐ
  b ㅔ[e] : ㅓ + ㅣ ▶ ㅔ

② イエ[ye]
  a ㅒ[ye] : ㅑ + ㅣ ▶ ㅒ
  b ㅖ[ye] : ㅕ + ㅣ ▶ ㅖ

③ ウエ[we]
  a ㅙ[we] : ㅗ + ㅐ(ㅏ+ㅣ) ▶ ㅙ
  b ㅚ[we] : ㅗ + ㅣ ▶ ㅚ
  c ㅞ[we] : ㅜ + ㅔ(ㅓ+ㅣ) ▶ ㅞ

④ ワ[wa]
  ㅘ[wa] : ㅗ + ㅏ ▶ ㅘ

⑤ ウォ[wo]
  ㅝ[wo] : ㅜ + ㅓ ▶ ㅝ

⑥ ウイ[wi]
  ㅟ[wi] : ㅜ + ㅣ ▶ ㅟ

⑦ ウィ[ui]
  ㅢ[ui] : ㅡ + ㅣ ▶ ㅢ

➕ ⑦は語頭では[ǔi]、語中・語尾では[i]と発音します。
（例：의사▶ǔi sa　편의점▶phyɔn i jɔm　회의▶hwe i）

ㅐ	ㅣ	ㅏ	ㅐ						
ㅒ	ㅣ	ㅏ	ㅑ	ㅒ					
ㅔ	ㅓ	ㅓ	ㅔ						
ㅖ	ㆍ	ㅕ	ㅖ						
ㅘ	ㆍ	ㅗ	ㅚ	ㅘ					
ㅙ	ㆍ	ㅗ	ㅚ	ㅘ	ㅙ				
ㅚ	ㆍ	ㅗ	ㅚ						
ㅝ	ㅡ	ㅜ	ㅝ	ㅝ					
ㅞ	ㅡ	ㅜ	ㅝ	ㅞ					
ㅟ	ㅡ	ㅜ	ㅟ						
ㅢ	ㅡ	ㅢ							

発音しながら書いてみよう。

ㅐ [エ, e]					ㅝ	
ㅒ [イェ, ye]					ㅙ	
ㅔ [エ, e]					ㅖ	
ㅖ [イェ, ye]					ㅚ	
ㅘ [ワ, wa]					ㅟ	
ㅙ [ウェ, we]					ㅒ	
ㅚ [ウェ, we]					ㅘ	
ㅝ [ウォ, wo]					ㅐ	
ㅞ [ウェ, we]					ㅢ	
ㅟ [ウィ, wi]					ㅔ	
ㅢ [ㇴィ, ǔi]					ㅖ	

今度は子音と合わせて書いてみよう。　CD 23

母音 子音	ㅐ	ㅒ	ㅔ	ㅖ	ㅚ	ㅘ	ㅙ	ㅝ	ㅞ	ㅟ	ㅢ
ㅇ					외					위	
ㄱ				계					궤		
ㄴ			네					눠			
ㅅ		섀					쇄				
ㅈ	쟤					좌					즤

2 二重子音

基本子音の中で「ㄱ・ㄷ・ㅂ・ㅅ・ㅈ」の5つを二重にした形は、のどに詰まる音で、これを濃音と言います。＊前に「っ」があるつもりで発音してください。

① ㄲ［kk・ッカ］　のどを詰まらせた音で「サッカー」の下線の発音に近い。

② ㄸ［tt・ッタ］　のどを詰まらせた音で「ぴったり」の下線の発音に近い。

③ ㅃ［pp・ッパ］　のどを詰まらせた音で「さっぱり」の下線の発音に近い。

④ ㅆ［ss・ッス］　のどを詰まらせた音で「あっさり」の下線の発音に近い。

⑤ ㅉ［tʃ・ッツ］　のどを詰まらせた音で「ガッチリ」の下線の発音に近い。

 発音しながら書いてみよう。

ㄲ [kk・ッカ]				ㄸ		
ㄸ [tt・ッタ]				ㅆ		
ㅃ [pp・ッパ]				ㅉ		
ㅆ [ss・ッス]				ㄲ		
ㅉ [tʃ・ッツ]				ㅃ		

基本母音と合わせて書いてみよう。
文字の下には発音記号を書いてみよう。

CD 25

母音 \ 子音	ㅏ	ㅑ	ㅓ	ㅕ	ㅣ	ㅗ	ㅛ	ㅜ	ㅠ	ㅡ
ㄲ	[ ]	[ ]	[ ]	[ ]	끼 [kki]	[ ]	[ ]	[ ]	[ ]	끄 [kkɯ]
ㄸ	[ ]	[ ]	[ ]	뗘 [ttyɔ]	[ ]	[ ]	[ ]	[ ]	뜌 [ttyu]	[ ]
ㅃ	[ ]	[ ]	[ ]	뼈 [ppɔ]	[ ]	[ ]	[ ]	뿌 [ppu]	[ ]	[ ]
ㅆ	[ ]	쌰 [ssya]	[ ]	[ ]	[ ]	[ ]	쑈 [ssyo]	[ ]	[ ]	[ ]
ㅉ	짜 [tʃa]	[ ]	[ ]	[ ]	[ ]	쪼 [tʃo]	[ ]	[ ]	[ ]	[ ]

【 その他の二重子音 】

CD 26

次に挙げる二重子音は左か右のどちらか一つだけを発音します。

① 左に来る子音を発音する場合(ㄳ・ㄶ・ㄵ・ㄼ・ㄾ・ㅄ)

例　삯, 많다, 앉다, 여덟, 핥다, 값, 없다

② 右に来る子音を発音する場合(ㄺ・ㄻ・ㄿ)

例　닭, 늙다, 삶다, 젊다, 읊다

1 次の単語を聞いて読んでみましょう。

2 次の単語を聞いて発音記号を書いてみましょう。

내일 (明日)	세계 (世界)
애기 (物語・話)	예술 (芸術)
웨딩 (ウェディング)	외국 (外国)
과일 (果物)	원고 (原稿)
귀국 (帰国)	회의 (会議)

3 次の単語を聞いて読んでみましょう。

4 次の単語を聞いて下線の下に発音記号を書きながらその違いを確認しましょう。

① 가게(店)　　　카센터(カーセンター)　　　까다(剥く)

② 다림질(アイロン)　　　타이어(タイヤ)　　　따르다(従う・注ぐ)

③ 바느질(針仕事)　　　파도(波)　　　빠지다(落ちる)

④ 사다(買う)　　　✖　　　싸다(安い)

⑤ 자다(寝る)　　　차다(蹴る・冷たい)　　　짜다(塩辛い)

한국민속촌 [han gug min sog chon] | 韓国民俗村

한국민속촌
han gug min sog chon

ソウルから約1時間離れたところにある韓国民俗村は、ヨンインにあることから韓国人の間ではヨンイン民俗村といわれています。毎日いろいろな行事が行われる民俗村での見所は、韓国の伝統結婚式です。また、昔の市場を再現しているところもあり、一日中観光客でにぎわっています。特にこの市場ではマッコリというにごり酒が大変有名で、地元の人々が仕事の帰りに寄るくらい人気があります。

民俗村近くにはエバーランドという遊園地やカルビで有名な水原市があり、一日観光コースとしてとても魅力的なところです。

한	국	인 (韓国人)
han	gu	gin
한	일	(韓日)
han	il	
국	민	(国民)
kug	min	
속	어	(俗語)
so	gɔ	
농	촌	(農村)
nong	chon	

8 自己紹介

저는 야마다 하나코입니다.   **1**

하나코 씨는 학생입니까?   **2**

저는 학생이 아닙니다.   **3**

저도 회사원입니다.   **4**

CD 28

1 저는　야마다　하나코입니다.
jɔ nŭn　ya ma da　ha na kʰo **ip ni da** ▶ **im ni da**

✚ 花子をローマ字表記にすると[hanako]となりますが、ここでは、「코」の発音を
今まで練習した発音どおりにしますので上記のようになります。

✚ [ipnida]の中で[p]の次に[n]がきていますが、この時[p]は[m]の発音に変わり
ます。ハングルには받침（パッチム）の次に来るものにより発音が変わる場合があります。

2 하나코　씨는　학생입니까?
ha na kʰo　ssi nŭn　hag seng **im ni kka**

✚ ここでも[ipnikka]が[p+n]なので、[imnikka]になります。分からない場合には
上の説明を参考にして下さい。

3 저는　학생이　아닙니다.
jɔ nŭn　hag seng i　a nim ni da

4 저도　회사원입니다.
jɔ do　hwe sa **won im** ni da ▶ hwe sa **wo nim** ni da

✚ 받침の次に「ㅇ」が来ると받침が「ㅇ」のところに移ります。(▶**4**) しかし、받침
が「ㅇ」でその次に来るものが「ㅇ」の場合にはそのまま発音します。(▶**3**) この
時、받침が「ㅇ」の時には発音が[ng]になることを忘れていませんね。

翻訳は67pにあります。

1
  a 저는 기무라 나오미입니다.
  b 저는 이현준입니다.

2
  a 이현준 씨는 가수입니까?
  b 네, 가수입니다.
  a 하나코 씨는 회사원입니까?
  b 네, 저는 회사원입니다.

3
  a 오노다 씨는 학생입니까?
  b 아니오, 저는 학생이 아닙니다.
     저는 회사원입니다.

4
  a 저는 대학생입니다.
  b 저도 대학생입니다.

✚ 皆さん、覚えていますか。発音記号が二つあるものは使い分けがありました
よね。単語の最初（語頭）に来る場合には前の発音で、それ以外（語中・語尾）に
は後の発音をします。したがって、「저도」の「도」は[to]ではなく[do]になりま
す。

✚ 子音が받침(パッチム)になる時には発音が変わるものもありましたね。例えば、ここで
は「대학생」の時の「ㅇ」の発音が[ng]になります。また、「ㄱ」の発音も[g]にな
ります。したがって、「대학생」の発音は[te hag seng]になります。

翻訳は67pにあります。

안녕하십니까? （こんにちは。）

안녕하세요? （こんにちは。）

처음 뵙겠습니다. （はじめまして。）

저는 일본 사람입니다. （私は日本人です。）

만나서 반갑습니다. （会えて嬉しいです。）

앞으로 잘 부탁합니다. （これからよろしくお願いします。）

이름이 어떻게 되세요? （お名前はなんですか。）

오래간만입니다. （久しぶりです。）

요새 어떻게 지내세요? （最近どうお過ごしですか。）

여전합니다. （変わりありません。）

그저 그렇습니다. （まあまあです。）

翻訳文

発音チャレンジ (65p)

1 私は山田花子です。
2 花子さんは学生ですか。
3 私は学生ではありません。
4 私も会社員です。

会話の練習 (66p)

1 a 私は木村直美です。
　 b 私はイ ヒョンジュンです。

2 a イ ヒョンジュンさんは歌手ですか。
　 b はい、歌手です。
　 a 花子さんは会社員ですか。
　 b はい、私は会社員です。

3 a 小野田さんは学生ですか。
　 b いいえ、私は学生ではありません。
　　 私は会社員です。

4 a 私は大学生です。
　 b 私も大学生です。

1　저는【야마다 하나코】입니다. 私は山田花子です。

① 【　　】の中に自分の名前を入れます。他に「学生」「会社員」などの名詞を入れて次の
ように言うことができます。

저는 학생입니다. 私は学生です。

저는 회사원입니다. 私は会社員です。

저는 일본 사람입니다. 私は日本人です。

② ～은／는（～は）

これらは二つとも同じ意味で、日本語の「～は」に当たるものです。しかし、前に来
る文字が子音で終わるか母音で終わるかによって使い分けられています。

子音｜은
당신은

前の「신」は子音で終わっていますね。

母音｜는
저는／나는

前の「저」「나」は母音で終わっていますね。

2　하나코 씨는 학생입니까? 花子さんは学生ですか。

「입니까?」は「입니다」の疑問形で、「～ですか」の意味になります。

당신은 회사원입니까? あなたは会社員ですか。

이현준 씨는 한국 사람입니까? イ ヒョンジュンさんは韓国人ですか。

저는 학생이 아닙니다. 私は学生ではありません。

① ~이／가 아닙니다. (〜ではありません)

「〜이／가 아니다」の丁寧な表現。

「이／가」は同じ意味で、これも前に来るものが子音で終わるか母音で終わるかに
よって使い分けられています。

子音｜이 아닙니다. 저는 회사<u>원</u>이 아닙니다. （私は会社員ではありません。） 下線の字は받침があり、 子音で終わっていますね。	母音｜가 아닙니다. 저는 기<u>자</u>가 아닙니다. （私は記者ではありません。） 下線の字は받침がなく、 母音で終わっていますね。

➕ 「회사원이」の時の発音に気をつけましょう。子音で終わる文字の次に「ㅇ」が来ると받침
が「ㅇ」のところに移り、発音されます。必ず覚えてください。

저도 회사원입니다. 私も会社員です。

「도」は子音や母音による使い分けはありません。

저는 학생입니다. 私は学生です。

남동생도 학생입니다. 弟も学生です。

1 〔　　〕のなかに単語を入れて言ってみましょう。

> 하라다 ▶ 저는〔 하라다 〕입니다.

① 김청락　　② 치바　　③ 성필수　　④ 마쯔이

2 〔　　〕のなかに単語を入れて言ってみましょう。

> 김충석／한국 사람 ▶〔 김충석 〕씨는〔 한국 사람 〕입니다.

① 마이클／영국 사람　　② 쉬앤／중국 사람

③ 사사키／일본 사람　　④ 브라운／미국 사람

3 〔　　〕のなかに単語を入れて言ってみましょう。

> 한국 사람 ▶ 저는〔 한국 사람 〕이 아닙니다.

① 영국 사람　　② 중국 사람　　③ 일본 사람　　④ 미국 사람

4 〔　　〕のなかに単語を入れて言ってみましょう。

아버지／은·는／회사원 ▶ 〔아버지〕〔는〕〔회사원〕입니다.

① 삼촌／은·는／의사　　② 할아버지／은·는／은행원

③ 동생／은·는／학생　　④ 어머니／은·는／선생님

5 〔　　〕のなかに単語を入れて言ってみましょう。

형／학생 ▶ 〔형〕도〔학생〕입니다.

① 누나／회사원　　② 야마자키 씨／교수

③ 어머니／의사　　④ 동생／은행원

저 私	남동생 弟
은/는 ～は	기자 記者
입니다 です	이름 名前
～이/가 아닙니다 ～ではありません	어떻게 되세요? なんですか
～도 ～も	그저 그렇습니다 まあまあです
학생 学生	동생 弟・妹
회사원 会社員	아버지 お父さん
가수 歌手	어머니 お母さん
대학생 大学生	선생님 先生
처음 뵙겠습니다 はじめまして	교수 教授
일본 사람 日本人	누나 姉(弟が呼ぶ時)
한국 사람 韓国人	형 兄(弟が呼ぶ時)
만나서 会えて	의사 医者
반갑습니다 嬉しいです	은행원 銀行員
앞으로 これから	미국 사람 アメリカ人
잘 부탁합니다 よろしくお願いします	영국 사람 イギリス人
오래간만 久しぶり	중국 사람 中国人
여전합니다 変わりありません	삼촌 伯父・叔父
요새 最近	할아버지 お祖父さん
어떻게 どう・どのように	안녕하십니까(안녕하세요) こんにちは
지내세요 お過ごしですか	

태극기

[the gug kki]｜太極旗

韓国の国旗である「태극기（太極旗）」は白地の真ん中に太極模様、四隅に乾坤坎離の四卦となっています。

太極旗の白は明るさと純粋さ、そして伝統的に平和を愛する韓国民の民族性を表しています。真ん中の太極の模様は陰（青）と陽（赤）、水と火、女と男、静と動などを表し、融合と調和を象徴するものです。

また、四隅の四卦の中で左上の乾は宇宙万物の中の「天」を、右下の坤は「地」を、右上の坎は「月と水」を、左下の離は「日と火」を表し、それぞれ正義と豊かさ、生命力、知恵を意味します。この四卦は太極を中心に統一の調和をなしています。

ちなみに、韓国の国旗は1882年9月、朴泳孝（バクヨンホ）等の修信使によって日本で初めて使われたそうです。

［発音］

1 「ㄱ」が語尾に来ると[g]と発音しなければなりませんが、例外として、前の받침（バッチム）が「ㄱ」の時次に来る「ㄱ」が二重子音になり、[kki]と発音します。

2 ㄱ・ㄷ・ㅂ・ㅅ・ㅈ などの받침の次にㄱ・ㄷ・ㅂ・ㅅが来ると、その子音が二重子音（濃音）になります。

무궁화

[mu gung hwa]｜無窮花

韓国の国花は「무궁화（無窮花）」で、日本語で木槿と言います。「무궁화」は特に華麗な花ではありませんが、その薄いピンク色は韓国民族の情緒によく合い、また、花房ごとに朝咲いて夕方になると散り、毎日新しい花を咲かせます。それで、いつも新しい意味を持っていて、また春・夏・秋の三季節の間絶えず咲いているので韓国民族の根気を象徴するものでもあります。それでは、韓国語で発音してみましょう。

［発音］

「ㅇ」は「받침」の時には[ng]と発音します。日本語の「ん」の発音とほぼ同じです。

9 買物 Ⅰ

이것은 얼마예요?　　1

이것 두 개 주세요.　　2

현금으로 하시겠어요?　　3
아니면 카드로 하시겠어요?
카드로 계산해 주세요.

여기에 사인해 주세요.　　4

1 이것은　얼마예요？
i gɔ sɯn　ɔl ma ye yo

➕ 받침（バッチム）の次に「ㅇ」が来ると받침が「ㅇ」のところに移ります。したがって、「이것은」
は［이거슨］と発音します。

2 이것　두　개　주세요.
i gɔt　tu　ge　ju se yo

3 현금으로　하시겠어요？
hyɔn gɯ mɯ ro　ha si ge ssɔ yo

아니면　카드로　하시겠어요？
a ni myɔn　kʰa dɯ ro　ha si ge ssɔ yo

카드로　계산해　주세요.
kʰa dɯ ro　kye san he　ju se yo

➕ 上の例と同じく、받침の次に「ㅇ」が来ると받침が「ㅇ」のところに移ります。し
たがって、「현금으로」は［현그므로］、「겠어요」は［게써요］と発音します。

4 여기에　사인해　주세요.
yɔ gi e　ssa in he　ju se yo

翻訳は77pにあります。

1

a 그것은 얼마예요?

이것은 얼마예요?

저것은 얼마예요?

b 이것은 5천원이에요.

2

a 저것은 뭐예요?

b 저것은 김이에요.

김치예요.

파전이에요.

부채예요.

인삼이에요.

a 다섯 개 주세요.

3

a 큰 걸로 하시겠어요?

아니면 작은 걸로 하시겠어요?

이걸로 하시겠어요?

아니면 그걸로 하시겠어요?

b 작은 걸로 주세요.

4

a 선물용으로 하시겠어요?

항공편으로 하시겠어요?

b 아니오, 그냥 포장해 주세요.

翻訳は77pにあります。

얼마입니까? (いくらですか。)

계산해 주세요. (お会計お願いします。／精算してください。)

계산서 주세요. (レシート（領収書）（を）ください。)

조금 깎아 주세요. (少し負けてください。)

조금 싸게 해 주세요. (少し安くしてください。)

너무 비싸요. (高すぎますね。)

좀 비싸요. (ちょっと高いですね。)

翻訳文

発音のチャレンジ (75p)

1 これはいくらですか。
2 これ二個ください。
3 現金になさいますか。
　それとも、カードになさいますか。
　カードで精算してください。
4 ここにサインしてください。

会話の練習 (76p)

1 a それはいくらですか。
　　これはいくらですか。
　　あれはいくらですか。
　b これは五千ウォンです。
2 a あれは何ですか。
　b あれはのりです。
　　キムチです。
　　ネギチヂミです。
　　扇子です。
　　高麗人参です。
　a 五個ください。
3 a 大きいものになさいますか。
　　それとも、小さいのになさいますか。
　　これになさいますか。
　　それとも、それになさいますか。
　b 小さいのをください。
4 a プレゼント用になさいますか。
　　航空便になさいますか。
　b いいえ、そのまま包装してください。

1 이것은 얼마예요? これはいくらですか。

① 이것／그것／저것 (これ／それ／あれ)

이것은 (これは) ▶ 이건

그것은 (それは) ▶ 그건

저것은 (あれは) ▶ 저건

② ～이에요／예요 (～ですか) －「～입니까」の滑らかな言い方

前の文字が子音で終わる時には「이에요」、母音で終わる時には「예요」に使い分けられます。

子音 | 이에요	母音 | 예요
한국사람이에요. (韓国人です。)	김치예요. (キムチです。)

【 数字の読み方 】

1	2	3	4	5	6	7	8	9	10
일	이	삼	사	오	육	칠	팔	구	십
一つ	二つ	三つ	四つ	五つ	六つ	七つ	八つ	九つ	十
하나	둘	셋	넷	다섯	여섯	일곱	여덟	아홉	열

漢数字読み

십일…십구…이십삼…삼십오…백, 천, 만, 십만, 백만

(10以上の数え方も日本語の漢数字読みと同じです。)

固有数字読み

열둘, 열셋, 스물, 서른, 마흔, 쉰, 예순, 일흔, 여든, 아흔, 백

(日本語は十(とお)までですが、韓国語は99(아흔아홉)まであります。しかし、100からは漢数字読みと同じになります。)

이것 두 개 주세요. これ二個ください。

① ~개 (~個)

~個を言う時には漢数字読みではなく、固有数字読みをします。また、ここで1, 2, 3, 4はうしろに助数詞が付くと読み方が変わります。

> 한 개(1個), 두 개(2個), 세 개(3個), 네 개(4個)
> 「주세요」は次の「第10課食事の会話」で扱いますので、第10課を参照してください。

3

현금으로 하시겠어요? 現金になさいますか。
아니면 카드로 하시겠어요? それとも、カードになさいますか。

① ~으로／로 (~に／で)

手段と方法の時に使い、日本語の「~に／で」の意味として用いられています。

② 「하시겠어요(なさいますか)」は「하겠어요(しますか)」の尊敬語です。

4

여기에 사인해 주세요. ここにサインしてください。

① ~해 주세요. (~してください。)

전화해 주세요. 電話してください。

연락해 주세요. 連絡してください。

② 여기／거기／저기 (ここ／そこ／あそこ)

1 〔　　〕のなかに単語を入れて言ってみましょう。

> 불고기 ▶ 저것은 〔 불고기 〕예(이에)요.

① 김치　　　　　　② 남대문

③ 비빔밥　　　　　④ 사과

2 〔　　〕のなかに単語を入れて言ってみましょう。

> 이것／2 ▶ 이것 〔 두 개 〕 주세요.

① 그것／3　　　　　② 저것／1

③ 이것／전부　　　④ 그것／9

3 〔　　〕のなかに単語を入れて言ってみましょう。

> 10,000 원 ▶ 그것은 〔 만원 〕이에요.

① 25,000 원　　　　② 58,600 원

③ 170,950 원　　　④ 5,300 원

4 〔　　〕のなかに単語を入れて言ってみましょう。

> 3 : 25 ▶〔 세 〕시〔 이십오 〕분이에요.

① 2 : 45　　　　　　　② 1 : 05

③ 11 : 15　　　　　　④ 12 : 00

5 〔　　〕のなかに単語を入れて言ってみましょう。

> 생각(하다) ▶〔 생각 〕해 주세요.

① 연구(하다)　　　　　② 공부(하다)

③ 안내(하다)　　　　　④ 축하(하다)

이것은／그것은／저것은 これは／それ は／あれは	여기／거기／저기 ここ／そこ／あそこ
	선물(용) プレゼント(用)
얼마 いくら	포장 包装
이에요／예요 「です」の滑らかな表現	그냥 そのまま
원 ウォン(韓国の通貨)	사인 サイン
김 のり(海苔)	깎다 値引きをする・負ける
큰 걸로 大きいものに・大きいもので(「큰 것으로」の縮約形)	싸다 安い
	비싸다 高い
이걸로 これに・これで(「이것으로」の縮約形)	계산서 レシート・領収書
작은 걸로 小さいものに・小さいもので (「작은 것으로」の縮約形)	좀／조금 少し・ちょっと
	너무 ～하다 あまりにも～すぎる
그걸로 それに・それで(「그것으로」の縮約形)	현금 現金
파전 ネギチヂミ	전화 電話
인삼 高麗人参	연락 連絡
부채 扇子	비빔밥 ビビンバ
김치 キムチ	사과 りんご
항공편 航空便	남대문 南大門
주세요 ください	전부 全部
카드 カード	생각하다 考える
아니면 それとも	연구하다 研究する
하시겠어요 なさいますか	공부하다 勉強する
계산 精算	안내하다 案内する
해 주세요 してください	축하하다 祝う

삼계탕 [sam gye thang]｜参鶏湯
불고기 [pul go gi]｜プルコギ

「삼계탕」は、夏場スタミナ補給のために食べる、鶏に高麗人参を入れて煮込んだ韓国の伝統料理です。雛より少し大きい若鶏を使ったもので、「ヨンゲベクシュク」とも言います。若鶏の腹の中にもち米、ニンニク、ナツメ、高麗人参を入れてよく煮込み、塩で味付けをして食べます。日本で夏バテ放止にウナギを食べるのと同じ意味合いです。

一方、「불고기」は牛肉などを薄く切り、先にたれにつけて味付けをしておき、焼いて食べる料理です。「불고기」の「불」は火の意味で、「고기」は肉の意味です。したがって、直訳すると「火の肉」ということになります。ちなみに、牛肉以外に、豚肉で作ったものを돼지불고기（豚プルコギ）と言います。

［発音］

1 「ㄱ」は発音記号が二つあって、文字の来る位置によって使い分けがありましたよね。語頭に来る時には[k]、語中・語尾の時は[g]と発音します。したがって、「불고기」は[pulgogi]、「불」をとって「고기」だけだと[kogi]になります。

2 「参鶏湯」の漢字の音読みをしっかり韓国語で覚えて次に出る文字を読んでみましょう。

인 삼 (人参－高麗人参など)
in　sam

계 란 (鶏卵)
kye　ran

욕 탕 (浴湯)
yog　thang

10 食事の会話

어떤 음식을 좋아하세요? 　1

한국 음식이 어떻습니까? 　2

식당에 갑시다. 　3

비빔밥 일인분하고
맥주 한 병 주세요. 　4

1 어떤 음식을 좋아하세요 ?
ɔ ttɔn ům **si** **gůl** **jo** **a** ha se yo

✚ 받침（バッチム）の次に「ㅇ」が来ると受침が「ㅇ」のところに移りますので、「음식을」は[음시글]と発音します。また、「좋아」も[조아]と発音します。

2 한국 음식이 어떻습니까 ?
han gug ům si gi ɔ ttɔt sů**m** **ni** kka

✚ 받침の次に「ㅇ」が来ると受침が「ㅇ」のところに移りますので、「음식이」は[음시기]と発音します。

✚ ㅂ・ㅍ・ㅃ・ㄼ・ㄿの받침の次にㄴ・ㄹ・ㅁが来ると、받침の発音は[ㅁ]になります。したがって、「습니까」は[슴니까]と発音することになりますね。

3 식당에 갑시다.
sig **ttang** e kap si da

✚ ㄱ・ㄷ・ㅂ・ㅅ・ㅈなどの받침の次にㄱ・ㄷ・ㅂ・ㅅが来ると、次に来る子音が二重子音(濃音)になります。したがって、식당は[식땅]と発音します。

4 비빔밥 일인분하고
pi bim bap **i** **rin** bun ha go
맥주 한 병 주세요.
meg **tʃu** han byɔng ju se yo

✚ 일인분は[이린분]と発音します。また、맥주は[맥쭈]と発音します。分からない場合は上の例を参照してください。

翻訳は87pにあります。

1
a 어떤 {요리}를 좋아하세요?
b 일본 {   }을·를 좋아합니다.
일본 {   }을·를 좋아합니다.
한국 {   }을·를 좋아합니다.
중국 {   }을·를 좋아합니다.

✚ {   }に名詞を入れる。**例**：사람(人)，음악(音楽)，영화(映画)

2
a 일본은 날씨가 어떻습니까?
b 많이 춥습니다.
따뜻합니다.
덥습니다.
서늘합니다.

3
a 한국 식당에 갑시다
b 좋습니다. 갑시다.

4
a 주문하시겠습니까?
b 불고기 이인분하고 콜라 두 잔 주세요.

翻訳は87pにあります。

役立つ表現

어서 오세요. (いらっしゃいませ。)

예약은 하셨습니까? (予約はなさいましたか。)

금연석(흡연석)으로 하시겠습니까? (禁煙席(喫煙席)になさいますか。)

주문 받아 주세요. (注文を取ってください。)

옆 테이블 요리는 뭐예요? (隣のテーブルの料理は何ですか。)

옆 테이블 요리하고 같은 걸로 주세요. (隣のテーブルの料理と同じ物をください。)

물 좀 주시겠어요? (お水をちょっともらえますか。)

잘 먹었습니다. (ごちそうさまでした。)

참 맛있어 보이네요. (とてもおいしそうに見えますね。)

너무 맵습니다. (とても辛いです。)

맛이 없어요. (まずいです。)

참 맛있었습니다. (とてもおいしかったです。)

翻訳文

発音のチャレンジ (85p)
1 どんな食べ物が好きですか。
2 韓国の食べ物はいかがですか。
3 食堂(レストラン)に行きましょう。
4 ビビンバ一人前とビールを一本ください。

会話の練習 (86p)
1 a どんな [料理] が好きですか？
　 b 日本 [　　] が好きです。
　　 韓国 [　　] が好きです。
　　 中国 [　　] が好きです。

2 a 日本の天気はいかがですか。
　 b とても寒いです。
　　 暖かいです。
　　 暑いです。
　　 涼しいです。
3 a 韓国食堂に行きましょう。
　 b いいですね。行きましょう。
4 a ご注文なさいますか。
　 b プルコギ二人前とコーラ二杯ください。

1 어떤 음식을 좋아하세요? どんな食べ物が好きですか。

① ~을／를 (~を)

子音で終わる時には「을」、母音で終わる時には「를」と使い分けます。

子音｜을	母音｜를
봄을 좋아한다. (春が好きだ。)	친구를 만나다. (友達に会う。)

2 한국 음식이 어떻습니까? 韓国の食べ物はいかがですか。

① ~이／가 (~が)

子音で終わる時には「이」、母音で終わる時には「가」と使い分けます。

子音｜이	母音｜가
책이 있다. (本がある。)	우유가 있다. (牛乳がある。)

3 식당에 갑시다. 食堂に行きましょう。

① ~에 (~へ／に)

「~에」は方向を表します。子音と母音の使い分けはありません。

학교에 갑시다. 学校へ行きましょう。

② ～읍시다／ㅂ시다 （～しましょう）

子音で終わる時には「읍시다」、母音で終わる時には「ㅂ시다」と使い分けます。

子音｜읍시다	母音｜ㅂ시다
밥을 먹읍시다. (먹다)	영화관에 갑시다. (가다)
（ご飯を食べましょう。）	（映画館に行きましょう。）

 **비빔밥 일인분하고 맥주 한 병 주세요.**

ビビンバー人前とビール一本ください。

① ～하고 （～と）

名詞と名詞の間に用いられる接続詞で、日本語の「と」に当たりますが、「하고」は会話の時によく使われます。(書き言葉として「와／과」が用いられますが子音と母音で使い分けます。과 ▶ 子音で終わる場合　와 ▶ 母音で終わる場合)

친구하고 나 友達と私

커피하고 생맥주 コーヒーと生ビール

② ～으세요／세요 （～してください）

子音で終わる時には「으세요」、母音で終わる時には「세요」と使い分けます。

子音｜으세요	母音｜세요
책을 읽으세요.	커피를 마시세요.
（本を読んでください。）	（コーヒーを飲んでください。）

1 〔　　　〕のなかに単語を入れて言ってみましょう。

공부／을・를／하다 ▶ 어떤 〔공부〕〔를〕〔합니까〕?

① 숙제／을・를／하다　　② 계절／을・를／좋아하다

③ 친구／을・를／만나다　　④ 음악／을・를／듣다

2 〔　　　〕のなかに単語を入れて言ってみましょう。

이 책／이・가／좋다 ▶ 〔이 책〕〔이〕〔좋습니다〕.

① 한국어 공부／이・가／재미있다

② 음식／이・가／맛있다

③ 옷／이・가／싸다

④ 지하철／이・가／가깝다

3 〔　　〕のなかに単語を入れて言ってみましょう。

술／을・를／마시다 ▶ 〔술〕〔을〕〔마십시다〕.

① 한국어／을・를／공부하다　② 김밥／을・를／먹다

③ 책／을・를／읽다　④ 친구／을・를／만나다

4 〔　　〕のなかに単語を入れて言ってみましょう。

친구／을・를／만나다 ▶ 〔친구〕〔를〕〔만나세요〕.

① 그것／을・를／주다　② 영화／을・를／보다

③ 담배／을・를／피우다　④ 책／을・를／읽다

을/를 ～を	춥다 寒い	계절 季節
어떤 どんな	좋다 いい	음악 音楽
음식 食べ物	가다 行く	김밥 のり巻
하고 ～と	받다 うける・取る	영화 映画
물 お水	하시다 なさる	술 お酒
흡연석 喫煙席	옆 隣・そば	담배 たばこ
식당 食堂・レストラン	맵다 辛い	옷 服
주문 注文	어떻습니까? いかがですか	가깝다 近い
이/가 ～が	좋아하다 好きだ	재미있다 面白い
맥주 ビール	같은 걸로 同じ物で(같은 것	맛있다 おいしい
일인분 一人前	으로)	좋다 いい
이인분 二人前	잘 먹었습니다 ごちそうさ	만나다 会う
한 병 一本	までした	듣다 聞く
두 잔 二杯	맛있어 보이네요 おいしそ	피우다 (たばこを)吸う
날씨 天気	うに見えますね	주다 くれる・あげる
요리 料理	어서오세요 いらっしゃい	보다 見る
테이블 テーブル	ませ	읽다 読む
예약 予約	많이 たくさん・とても	참 とても
금연석 禁煙席	친구 友達	콜라 コーラ
덥다 暑い	한국어 韓国語	커피 コーヒー
서늘하다 涼しい	지하철 地下鉄	책 本
따뜻하다 暖かい	숙제 宿題	

助数詞

~인분 ~人前	일인분 · 이인분 · 삼인분 一人前・二人前・三人前
~분 ~名様	한 분 · 두 분 · 다섯 분 一名様・二名様・五名様
~병 ~本	한 병 · 세 병 一本・三本
~자루 ~本	연필 한 자루, 초 네 자루 鉛筆一本, ろうそく四本
~마리 ~匹・~頭・~羽	고양이 한 마리, 생선 한 마리 猫一匹, 魚一匹
~대 ~台	자동차 · 냉장고 · 자전거 · 전화 한 대 自動車・冷蔵庫・自転車・電話　一台
~갑 ~箱	담배 한 갑 たばこ一箱
~상자 ~箱	사과 한 상자 りんご一箱
~장 ~枚	엽서 · 우표 · 종이 한 장 葉書・切手・紙　一枚
~살 ~歳	한 살, 스물세 살 一歳, 二十三歳
~권 ~冊	책 한 권 · 두 권 · 다섯 권 · 여섯 권 本一冊・二冊・五冊・六冊
~개 ~個	시계 한 개 · 우산 두 개 · 사과 한 개 時計一個・傘二本・りんご一個
~명 ~名	한 명 · 두 명 · 일곱 명 · 아홉 명 一名・二名・七名・九名

함 [ham] | ハム・폐백 [pe beg] | ペベク

　韓国では結婚式の前に「ハム」を渡す行事があります。「ハム」とは新郎から新婦への贈り物や書状が入った箱のことで、日本でいう結納にあたります。花婿は友人と共に「ハム」を担ぎ、手には青と赤の提灯を持ち、「ハムを買ってください!」と叫びながら花嫁の家に向かいます。「ハム」を担ぐ人はスルメイカに穴をあけて作ったお面を被ります。

　「ハムを買ってください!」という声が聞こえたら、花嫁や家族、花嫁の友人が外に出て「ハム」を買います。ここで花嫁側が安く買おうとすると、「ハム」を売る人々はその場に座ってお酒を飲みはじめます。つまり、高く買ってくれるまで動かないという意味です。ご近所の人たちはこの光景をほほえましく見守ります。また、どこの誰が結婚するかもすぐわかります。

　この行事はたいてい結婚式の前夜や一週間前位に行われますが、花婿がお酒をたくさん飲まされるので、前夜に行う場合には時々、結婚式に遅れる新郎がいたりします。

　ユニークな伝統行事ですが、最近は住居形態が一戸建てからマンションやアパート団地などに変わってきているため、地方以外ではあまり見られなくなりました。

　また、韓国の結婚式には「ペベク」というものがあります。この時新郎新婦は韓国の伝統衣装である韓服に着替えます。日本のお色直しに似ていますが、「ペベク」には花婿側の親戚だけが参加します。これは「ペベク」の意味が「花嫁が花婿家へ挨拶をする」というものだからです。

11 道案内

동대문은 어디입니까?　　　　　　　1

한국백화점은 어떻게 갑니까?　　　2

3번 버스를 타세요.　　　　　　　　3

세 번째 신호에서 오른쪽으로
꺾으면 보입니다.　　　　　　　　　4

CD 34

1

동대문은 어디입니까?
tong de **mu nŭn** ɔ di **im ni** kka

➕ 받침(<ruby>バッチム</ruby>)の次に「ㅇ」が来ると받침が「ㅇ」に移ります。したがって、「동대문은」は［동대무는］と発音します。また、「ㅂ」の次に「ㄴ」が来ると「ㅂ」の받침が「ㅁ」になります。したがって、「입니까」は［임니까］になります。（ㅂ＋ㄴ＝ㅁ＋ㄴ）

2

한국백화점은 어떻게 갑니까?
han gug **be khwa** jɔ mŭn ɔ **ttɔ khe** kam ni kka

➕ 「ㄱ・ㄷ・ㅂ・ㅅ・ㅈ…」などの받침の次に「ㄱ・ㄷ・ㅂ・ㅈ」が来ると、次に来る子音が二重子音（濃音）になります。したがって、식당は［식땅］と発音します。

➕ 「ㄱ・ㄷ・ㅂ・ㅈ」が「ㅎ」の前にある場合「ㄱ・ㄷ・ㅂ・ㅈ」は「ㅋ・ㅌ・ㅍ・ㅊ」になります。したがって、「백화점」は［배콰점］に、「어떻게」は［어떠케］になります。

3

3번 버스를 타세요.
sam bɔn bɔ sŭ rŭl tha se yo

4

세 번째 신호에서 오른쪽으로
se bɔn tje sin ho e sɔ o rŭn tjo gŭ ro

꺾으면 보입니다.
kkɔ kkŭ myɔn po im ni da

翻訳は99pにあります。

1 동대문은 어디입니까?
화장실은 어디입니까?
고향은 어디입니까?
지하철역은 어디입니까?

2 한국백화점은 어떻게 갑니까?
명동은 어떻게 갑니까?
민속촌은 어떻게 갑니까?

3 3번 버스를 타세요.
2호선을 타세요.
택시를 타세요.
저를 따라오세요.

4 세 번째 신호에서 오른쪽으로 꺾으면 보입니다.
은행 앞에서 왼쪽으로 꺾으면 보입니다.
우체국에서 물어 보면 됩니다.
똑바로 가시면 됩니다.

翻訳は99pにあります。

죄송합니다만 말씀 좀 묻겠는데요.
（すみません、ちょっと伺いますが。）

여기가 어디입니까?
（ここはどこですか。）

여기에서 동대문 시장까지 얼마나 걸립니까?
（ここから東大門市場までどれくらいかかりますか。）

그다지 멀지 않아요.
（それほど遠くありません。）

도서관을 찾고 있는데요.
（図書館を探しているんですが。）

이 길을 똑바로 가세요.
（この道をまっすぐ行ってください。）

저 모퉁이에서 왼쪽으로 돌아 가세요.
（あの角で左に曲がってください。）

화장실은 어디입니까?
（トイレはどこですか。）

~ 이／가 어디 있어요(있습니까)?
（~はどこにありますか。）

맞은편(건너편)에 있습니다.
（向こう側にあります。）

따라오세요.
（ついて来てください。）

가장 가까운 역을 가르쳐 주세요.
（最寄りの駅を教えてください。）

저도 잘 모르겠는데요.
（私もよく分かりませんが。）

翻訳文

発音のチャレンジ (96p)
1　東大門はどこですか。
2　ハングッデパートはどう行きますか？
3　3番バスに乗ってください。
4　三番目の信号で右に曲がると見えます。

会話の練習 (97p)
1　東大門はどこですか。
　　トイレはどこですか。
　　故郷はどこですか。
　　地下鉄の駅はどこですか。

2　ハングッデパートはどう行きますか。
　　ミョンドンはどう行きますか。
　　民俗村はどう行きますか。

3　3番バスに乗ってください。
　　2号線に乗ってください。
　　タクシーに乗ってください。
　　私について来てください。

4　三番目の信号で右に曲がると見えます。
　　銀行の前で左に曲がると見えます。
　　郵便局で聞けばいいです。
　　まっすぐ行けばいいです。

1 【동대문】은 어디입니까? 東大門はどこですか。

① ~은／는 어디입니까(이／가 어디입니까) （~はどこですか。）

場所を聞く時に用いる言い方です。【　】のなかに聞きたい場所を入れて聞きます。

> 어디／여기／거기／저기 （どこ／ここ／そこ／あそこ）

여기입니다. ここです。

거기입니다. そこです。

저기입니다. あそこです。

2 한국백화점은 어떻게 갑니까?

ハングッデパートはどう行きますか。

① ~은／는 어떻게 갑니까? （~はどう行きますか。）

> 어떻게／이렇게／ 그렇게／저렇게
>
> （どう・どのように／こう・このように／そう・そのように／ああ・あのように）

이렇게 가세요. このように行ってください。

그렇게 하세요. そのようにしてください。

저렇게 먹으세요. あのように食べてください。

② ~습니다／ㅂ니다 （~ます）

動詞や形容詞の語尾の「다」を取って、直前の文字が子音で終わる時には「습니다」を付けます。また、母音で終わる時には「ㅂ니다」を付けます。

子音｜습니다	母音｜ㅂ니다
먹다(食べる) 먹＋습니다 ▶ 먹습니다	보다(見る) 보＋ㅂ니다 ▶ 봅니다
듣다(聞く) 듣＋습니다 ▶ 듣습니다	오다(来る) 오＋ㅂ니다 ▶ 옵니다
묻다(尋ねる) 묻＋습니다 ▶ 묻습니다	가다(行く) 가＋ㅂ니다 ▶ 갑니다
있다(ある・いる) 있＋습니다 ▶ 있습니다	하다(する) 하＋ㅂ니다 ▶ 합니다
덥다(暑い) 덥＋습니다 ▶ 덥습니다	마시다(飲む) 마시＋ㅂ니다 ▶ 마십니다

▶ （例外）「～다」の前に来る子音が「ㄹ」で終わる場合、「ㄹ」が脱落して母音で終わる形
と同じように活用します。

살다(住む) 사＋ㅂ니다 ▶ 삽니다
알다(知る) 아＋ㅂ니다 ▶ 압니다
걸다(かける) 거＋ㅂ니다 ▶ 겁니다

3 3번 버스를 타세요. 3番バスに乗ってください。

① ～으세요／세요 （～してください。）

「～してください」の意味で、「다」を取って、直前に来るものが子音で終わる時には
「으세요」を付け、母音で終わる時には「세요」を付けます。

子音｜으세요	母音｜세요
먹다(食べる) ▶ 먹으세요	가다(行く) ▶ 가세요
감다(巻く) ▶ 감으세요	하다(する) ▶ 하세요

② ～을／를 （～を）

「～を」の意味で、直前が子音で終わる時には「을」を、母音で終わる時には「를」を付
けます。

<table>
<tr><td>

子音｜을

신문을 봅니다. (新聞を見ます。)
밥을 먹습니다. (ご飯を食べます。)
전철을 탑니다. (電車に乗ります。)
음악을 듣습니다. (音楽を聞きます。)

</td><td>

母音｜를

공부를 합니다. (勉強をします。)
맥주를 마십니다. (ビールを飲みます。)
친구를 만납니다. (友達に会います。)
한국어를 압니다. (韓国語がわかります。)

</td></tr>
</table>

4 세 번째 신호에서 오른쪽으로 꺾으면 보입니다.

三番目の信号で右に曲がると見えます。

① ~에서 (~から)

여기에서 버스를 타면 됩니다. ここからバスに乗ればいいです。

도서관은 역에서 가깝습니다. 図書館は駅から近いです。

② ~에서 ~까지 (~から~まで)

집에서 학교까지 얼마나 걸려요? 한 시간 정도 걸려요.

家から学校までどれくらいかかりますか。一時間くらいかかります。

1시에서 2시까지 공부합니다. 1時から2時まで勉強します。

③ ~으로／로 (~に／へ)

오른쪽으로 · 왼쪽으로 · 옆으로 · 앞으로 右側に · 左側に · 横に · 前に

위로 · 아래로 · 뒤로 上に · 下に · 後に

④ ~으면／면 (~したら · すると · すれば · するなら)

먹다 (食べる) 먹＋으면 ▶ 먹으면

보다 (見る)   보＋면 ▶ 보면

1 〔 〕のなかに単語を入れて言ってみましょう。

> 남대문 ▶ 〔남대문〕은 어디입니까?

① 사무실　　　　　　　② 은행

③ 편의점　　　　　　　④ 서점

2 〔 〕のなかに単語を入れて言ってみましょう。

> 집／은・는 ▶ 〔집〕〔은〕 어떻게 갑니까?

① 신촌／은・는　　　　② 백화점／은・는

③ 학교／은・는　　　　④ 서점／은・는

3 〔　　〕のなかに単語を入れて言ってみましょう。

전화／을·를／하다 ▶ 〔전화〕〔를〕〔하세요〕.

① 연락／을·를／하다　　② 공부／을·를／하다

③ 전철／을·를／타다　　④ 말씀／을·를／하다

4 〔　　〕のなかに単語を入れて言ってみましょう。

신호등／옆／으로·로／가다

▶ 〔신호등〕에서 〔옆〕〔으로〕〔가면〕 보입니다.

① 은행／왼쪽／으로·로／가다

② 도서관／뒤／으로·로／가다

③ 우체국／앞／으로·로／꺾다

④ 편의점／오른쪽／으로·로／꺾다

동대문 東大門	따라오다 ついて来る	정도 くらい
백화점 デパート	똑바로 まっすぐ	앞 前
어디 どこ	2호선 二号線	위 上
버스 バス	묻다 尋ねる	아래 下
타다 乗る	있다 ある・いる	뒤 後
세 번째 三番目	살다 住む	모퉁이 角
신호(등) 信号	알다 知る	맞은편(건너편) 向こう側
오른쪽 右側	걸다 かける	말씀 お話・お言葉(言葉・
꺾다 曲がる	공부 勉強	話の尊敬語)
보이다 見える	신문 新聞	그다지 それほど
택시 タクシー	전철 電鉄・電車	가장 一番
왼쪽 左側	집 家	시장 市場
으로／로 ～で	학교 学校	길 道
우체국 郵便局	도서관 図書館	사무실 事務室
은행 銀行	역 駅	편의점 コンビニ
고향 故郷	～면 됩니다 ～ばいいで	신촌 シンチョン(地名)
화장실 トイレ	す	서점 本屋
민속촌 民俗村	얼마나 どれくらい	

동대문시장 [tong de mun si jang] | 東大門市場

동대문 [tong de mun] | 東大門

　韓国の若者に最も人気があり、ファッションの町として脚光を浴びている東大門市場は、南大門市場と並んで韓国最大の在来市場として知られているところです。特に東大門市場は、最近ショッピングモールが次々と完成して新しくなり、海外の観光客にも大変愛されています。

　これらの市場の最大の魅力は、問屋街なので市価よりも安いこと、また夜中でも買物ができるということです。時間の限られた旅行中には、寝る時間を少し削って韓国のナイト・ショッピングを楽しむのも面白いですね。

　また、ここに行く時にはタクシーより地下鉄を利用したほうが、混まず便利です（地下鉄2・4・5号線；東大門運動場下車）。

　しかし、帰りにはタクシーを使ったほうがいいでしょう。荷物もあるので、韓国人も行きは地下鉄、帰りはタクシーを利用する人が多いです。

12 買物 Ⅱ

이것 좀 보여 주세요.   1

다른 것도 있습니까?   2

좀 싸게 해 주세요.   3

입어 봐도 됩니까?   4

1 이것 좀 보여 주세요.
i go**t**　jom　po yo　ju se yo

✚ 「이것」の「ㅅ」は[s]の発音になりますが、받침(バッチム)になると[t]の発音になります。覚えて下さい。詳しくは第6課を参照してください。

2 다른 것도 있습니까?
ta rŭn　kot do　iss sŭm ni kka

✚ 「습니까」は[슴니까]になりますね。（ㅂ＋ㄴ▶ㅁ＋ㄴ）

3 좀 싸게 해 주세요.
jom　ssa ge　he　ju se yo

4 입어 봐도 됩니까?
i bɔ　bwa do　twem ni kka

✚ 「입어」は [이버]と発音します。받침の次に「ㅇ」が来ると「받침」が「ㅇ」のところに移ります。

翻訳は110pにあります。

1
작은 것 좀 보여 주세요.
큰 것 좀 보여 주세요.
그것 좀 읽어 주세요.
창문 좀 열어 주세요.
전화 좀 걸어 주세요.
연락 좀 해 주세요

2
다른 색도 있습니까?
검정색도 있습니까?
빨간색도 있습니까?
노란색도 있습니까?
흰색도 있습니까?

3
빨리 와 주세요.
그냥 가 주세요.

4
전화해도 됩니까?
연락해도 됩니까?
마셔도 됩니까?
먹어도 됩니까?
가도 됩니까?

翻訳は110pにあります。

役立つ表現

구두 매장은 어디입니까? （靴売り場はどこですか。）

더 큰 사이즈 있습니까? （もっと大きいサイズはありますか。）

메이커는 어디입니까? （メーカーはどこですか。）

요즘 유행하는 것을 주세요. （最近流行しているものをください。）

이것이 좋습니다. （これがいいです。）

사이즈를 잘 모르는데요. （サイズがよく分からないんですが。）

넥타이를 사고 싶은데요. （ネクタイを買いたいんですが。）

좀 비싸요. （ちょっと高いです。）

거스름돈입니다. （おつりです。）

사겠습니다. （買います。）

発音のチャレンジ (108p)

1 これ見せてください。
2 他のもありますか。
3 少し安くしてください。
4 試着してみてもいいですか。

会話の練習 (109p)

1 小さいの（を）見せてください。
　大きいの（を）見せてください。
　それ（を）読んでください。
　窓（を）開けてください。
　電話（を）かけてください。
　連絡（を）してください。

2 違う色もありますか。
　黒もありますか。
　赤もありますか。
　黄色もありますか。
　白もありますか。
3 早く来てください。
　そのまま行ってください。
4 電話してもいいですか。
　連絡してもいいですか。
　飲んでもいいですか。
　食べてもいいですか。
　行ってもいいですか。

1　이것 좀 보여 주세요. これ見せてください。

① ～아／어 주세요 （～してください）

「～다」の直前に来る文字の母音により「다」を取って「～아 주세요／～어 주세요」を付け加えます。▶「～아 주세요（～してください）」

「ㅏ／ㅗ」で終わる場合 ▶ ～아 주세요

가다(行く) － 가＋아 주세요 ▶ 가 주세요. (行ってください。)

보다(見る) － 보＋아 주세요 ▶ 봐 주세요. (見てください。)

오다(来る) － 오＋아 주세요 ▶ 와 주세요. (来てください。)

사다(買う) － 사＋아 주세요 ▶ 사 주세요. (買ってください)

깎다(負ける) － 깎＋아 주세요 ▶ 깎아 주세요. (負けてください。)

닫다(閉める) － 닫＋아 주세요 ▶ 닫아 주세요. (閉めてください。)

下線のように받침(バッチム)がある場合には「다」を取って「～아 주세요」だけをつければいいです。

その他の母音で終わる場合 ▶ ～어 주세요

피우다(吸う) － 피우＋어 주세요 ▶ 피워 주세요. (吸ってください。)

걸다(かける) － 걸ㅣ어 주세요 ▶ 걸어 주세요. (かけてください。)

먹다(食べる) － 먹＋어 주세요 ▶ 먹어 주세요. (食べてください。)

쓰다(書く) － 쓰＋어 주세요 ▶ 써 주세요. (書いてください。)

듣다(聞く) － 드＋ㄹ어 주세요 ▶ 들어 주세요. (聞いてください。)

묻다(尋ねる) － 무＋ㄹ어 주세요 ▶ 물어 주세요. (尋ねてください。)

下線のように「ㄷ」で終わる場合には「ㄷ」を取って「ㄹ어 주세요」を付け加えます。

「ㅣ」で終わる場合 ▶ ～여 주세요

「ㅣ」で終わっても받침のある場合には当てはまりません。したがって、母音で終わる文字だけに限ります。

마시다(飲む) － 마시＋여 주세요 ▶ 마셔 주세요.(飲んでください。)

보이다(見せる) － 보이＋여 주세요 ▶ 보여 주세요.(見せてください。)

기다리다(待つ) － 기다리＋여 주세요 ▶ 기다려 주세요.(待ってください。)

읽다(読む) － 읽＋어 주세요 ▶ 읽어 주세요.(読んでください。)

例外

하다(する) － 해 주세요.(してください。)

보내다(送る) － 보내 주세요.(送ってください。)

2　다른 것도 있습니까? 他のもありますか。

▶ **4**番を参照してください。

좀 싸게 해 주세요. 少し安くしてください。

① ~게 해 주세요. （~くしてください）

形容詞の「다」を取って「다」のところに「~게 해 주세요」を付け加えます。

크다(大きい) － 크＋게 해 주세요 ▶ 크게 해 주세요. (大きくしてください。)
작다(小さい) － 작＋게 해 주세요 ▶ 작게 해 주세요. (小さくしてください。)
높다(高い) － 높＋게 해 주세요 ▶ 높게 해 주세요. (高くしてください。)
가볍다(軽い) － 가볍＋게 해 주세요 ▶ 가볍게 해 주세요. (軽くしてください。)
무겁다(重い) － 무겁＋게 해 주세요 ▶ 무겁게 해 주세요. (重くしてください。)
길다(長い) － 길＋게 해 주세요 ▶ 길게 해 주세요. (長くしてください。)
짧다(短い) － 짧＋게 해 주세요 ▶ 짧게 해 주세요. (短くしてください。)

4

입어 봐도 됩니까? 試着してみてもいいですか。

① ~아도／어도 됩니까? （~してもいいですか）

「ㅏ／ㅗ」で終わる場合 ▶ ~아도 됩니까?

가다(行く) － 가＋아도 ▶ 가도 됩니까?(行ってもいいですか。)
보다(見る) － 보＋아도 ▶ 봐도 됩니까?(見てもいいですか。)
오다(来る) － 오＋아도 ▶ 와도 됩니까?(来てもいいですか。)
사다(買う) － 사＋아도 ▶ 사도 됩니까?(買ってもいいですか。)
깎다(負ける) － 깎＋아도 ▶ 깎아도 됩니까?(負けてもいいですか。)

その他の母音で終わる場合 ▶ ～어도 됩니까?

먹다(食べる) － 먹＋어도 ▶ 먹어도 됩니까?(食べてもいいですか。)

있다(いる・ある) － 있＋어도 ▶ 있어도 됩니까?(いてもいいですか。)

걸다(かける) － 걸＋어도 ▶ 걸어도 됩니까?(かけてもいいですか。)

읽다(読む) － 읽＋어도 ▶ 읽어도 됩니까?(読んでもいいですか。)

例外

하다(する) － 해도 됩니까?(してもいいですか。)

마시다(飲む) － 마시＋어도 ▶ 마셔도 됩니까?(飲んでもいいですか。)

쓰다(書く) － 쓰＋어도 ▶ 써도 됩니까?(書いてもいいですか。)

보내다(送る) － 보내＋어도 ▶ 보내도 됩니까?(送ってもいいですか。)

「ㅣ」で終わる場合 ▶「＋여도 됩니까?」(「ㅣ」を取って「ㅕ」のところに付け加えます。)

1 {　　}のなかに単語を入れて言ってみましょう。

> 그것／보다 ▶ 【그것】좀【보여】주세요.

① 이것／읽다　　　② 창문／열다

③ 저것／입다　　　④ 지금／가다

2 {　　}のなかに単語を入れて言ってみましょう。

> 파란색 ▶ 【파란색】도 있습니까?

① 검정색　　　② 브라운색

③ 녹색　　　④ 핑크색

3 〔　　〕のなかに単語を入れて言ってみましょう。

크다／하다 ▶ 좀 〔크게〕〔해〕 주세요.

① 싸다／하다　　　　② 맵다／하다

③ 짧다／하다　　　　④ 좋다／하다

4 〔　　〕のなかに単語を入れて言ってみましょう。

지금／가다 ▶ 〔지금〕〔가도〕 됩니까?

① 내일／오다　　　　② 오늘／먹다

③ 아직／있다　　　　④ 가끔／보다

다른 것	他のもの・違うもの	마시다	飲む
다른 색	他の色・違う色	열다	開ける
창문	窓	넥타이	ネクタイ
매장	売り場	사다	買う
유행	流行	거기	そこ
거스름돈	おつり	내일	明日
사이즈	サイズ	오늘	今日
메이커	メーカー	아직	まだ
빨리	早く	가끔	たまに
더	もっと	지금	今
입다	着る	검정색	黒
작다	小さい	노란색	黄色
크다	大きい	빨간색	赤
~(해)도 됩니까?	~(して)もいいですか	흰색	白
먹다	食べる	브라운색	ブラウン
가볍다	軽い	녹색	緑
무겁다	重い	파란색	青
오다	来る	핑크색	ピンク色
보내다	送る	높다	高い
하다	する	짧다	短い
연락하다	連絡する	길다	長い

사물놀이

[sa mul no ri] | サムルノリ

韓国の伝統芸能であるサムルノリは、チャング、ケンガリ、プク、チンの四種類の楽器を使った「ノリ」です。この「ノリ」というのは遊びという意味で、英語の「play」に当てはまります。このような四つの楽器の演奏ということから「四物（サムル）ノリ」と呼んでいます。

윷놀이

[yut no ri] | ユッノリ（ユンノリ）

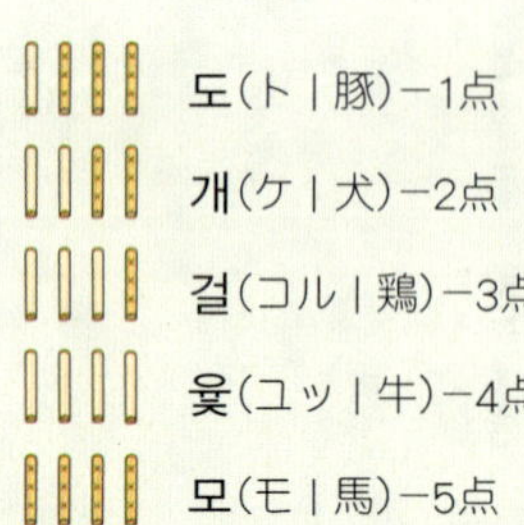

韓国の伝統的な遊びであるユンノリは日本のすごろくに似ています。「ユッ」というのは木で作られた4本の棒で、その棒をかけ声と共に空中に投げ、落ちた時の表裏の出方によって1〜5の点数が決まり、その数だけこまを進めます。4や5が出たらもう一度「ユッ」をふることができます。

付録

부록

2002ワールドカップ開催地

開催地	開催地のあれこれ
① ソウル(서울)	ソウル・ワールドカップスタジアム(麻浦区 上岩洞) **おすすめ** 麻浦カルビ、南大門・東大門での買物、宮殿めぐり
② 仁川(인천)	仁川 文鶴総合競技場(南区 文鶴洞) **おすすめ** 江華島の歴史深訪
③ 水原(수원)	水原 ワールドカップ競技場(八達区 牛満洞) **おすすめ** 水原カルビ、韓国民俗村、水原城(ユネスコ世界遺産)
④ 大田(대전)	大田 ワールドカップ競技場(儒城区 老隠洞) **おすすめ** 独立記念館
⑤ 全州(전주)	全州ワールドカップ競技場(徳津区 半月洞) **おすすめ** ビビンバ
⑥ 光州(광주)	光州ワールドカップ競技場(西区 風岩洞)
⑦ 大邱(대구)	大邱総合競技場(寿城区 内患洞)
⑧ 蔚山(울산)	蔚山文殊サッカー競技場(南区 玉洞) **おすすめ** 慶州(ユネスコ世界遺産)
⑨ 釜山(부산)	釜山総合運動場 メインスタジアム(連堤区 巨堤洞) **おすすめ** ジャガルチ市場
⑩ 西帰浦(서귀포)	済州ワールドカップ競技場(西帰浦 法還洞)

1月1日
설날
お正月

2月 陰暦
설날
旧正月

3月1日
3・1절
3・1節
（独立運動記念日）

4月5日
식목일
植木日
（みどりの日）

5月5日
어린이날
子どもの日

4月8日 陰暦
석가탄신일
釈迦誕辰日
（釈迦誕生日）

6月6日
현충일
顕忠日

▶国のために殉職した軍人を弔う日

7月17日
제헌절
制憲節
（憲法記念日）

8月15日
광복절
光復節

▶日本の植民地支配から解放された日

8月15日 陰暦
추석
秋夕
（仲秋節）

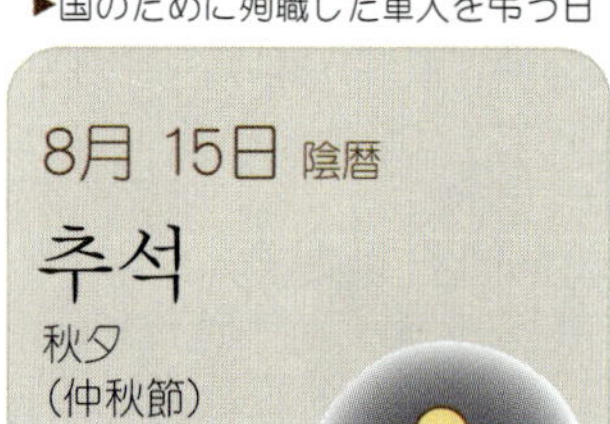

10月3日
개천절
開天節
（建国記念日）

12月25日
크리스마스
クリスマス

仮名のハングル読み方

仮名	ハングル 語頭	ハングル 語中・語尾
ア	아	아
イ	이	이
ウ	우	우
エ	에	에
オ	오	오
カ	가	카
キ	기	키
ク	구	쿠
ケ	게	케
コ	고	코
サ	사	사
シ	시	시
ス	스	스
セ	세	세
ソ	소	소
タ	다	타
チ	지	치
ツ	쓰	쓰
テ	데	테
ト	도	토
ナ	나	나
ニ	니	니
ヌ	누	누
ネ	네	네
ノ	노	노
ハ	하	하
ヒ	히	히
フ	후	후
ヘ	헤	헤
ホ	호	호
マ	마	마
ミ	미	미
ム	무	무
メ	메	메
モ	모	모
ヤ	야	야
イ	이	이
ユ	유	유
エ	에	에
ヨ	요	요
ラ	라	라
リ	리	리
ル	루	루
レ	레	레
ロ	로	로
ワ	와	와
(ヰ)	(이)	(이)
ウ	우	우
(ヱ)	(에)	(에)
ヲ	오	오
ン		ㄴ
ガ	가	가
ギ	기	기
グ	구	구
ゲ	게	게
ゴ	고	고
ザ	자	자
ジ	지	지
ズ	즈	즈
ゼ	제	제
ゾ	조	조
ダ	다	다
ヂ	지	지
ヅ	즈	즈
デ	데	데
ド	도	도
バ	바	바
ビ	비	비
ブ	부	부
ベ	베	베
ボ	보	보
パ	파	파
ピ	피	피
プ	푸	푸
ペ	페	페
ポ	포	포
キャ	갸	캬
キュ	규	큐
キョ	교	쿄
ギャ	갸	갸
ギュ	규	규
ギョ	교	교
シャ	샤	샤
シュ	슈	슈
ショ	쇼	쇼
ジャ	자	자
ジュ	주	주
ジョ	조	조
チャ	자	차
チュ	주	추
チョ	조	초
ニャ	냐	냐
ニュ	뉴	뉴
ニョ	뇨	뇨
ヒャ	햐	햐
ヒュ	휴	휴
ヒョ	효	효
ビャ	뱌	뱌
ビュ	뷰	뷰
ビョ	뵤	뵤
ピャ	퍄	퍄
ピュ	퓨	퓨
ピョ	표	표
ミャ	먀	먀
ミュ	뮤	뮤
ミョ	묘	묘
リャ	랴	랴
リュ	류	류
リョ	료	료

✚ 「ツ」の発音は「쓰」になっていますが、実際の発音に近いのは「쯔」になります。

✚ 終声には2つの子音が来る場合もありますが、このような場合には前に来る子音を発音する場合と後に来る子音を発音する場合があります。

名前の書き方

前のページを見ながら自分の名前を書いてみよう。

例 山田花子（ヤマダ　ハナコ）

▶ 야마다 하나코(ya ma da　ha na kho)

「コ」を「고」と書くと、発音する時は［ya ma da ha na go］になってしまいます。
2つの発音記号を持っている時、語中・語尾では後の発音をすること覚えていますか。だから、ここでは、「ㄱ」ではなく「ㅋ」にしなければなりません。一度書いたあとで前のページの表を参考にして確認してください。

次を参考にしてください

日本名前	韓国名前
林 하야시(ha ya si)	장 선 일(jang sɔn il)
中村 나카무라(na kha mu ra)	임 웅 식(im ung sig)
田中 다나카(ta na kha)	오 미 해(o mi he)
木村 기무라(ki mu ra)	김 인 화(kim in hwa)
佐藤 사토(sa tho)	김 희 숙(kim hùi sug)
小林 고바야시(ko ba ya si)	임 근 영(im gùn yɔng)
加藤 가토(ka tho)	이 진 수(i jin su)
後藤 고토(go tho)	전 선 여(jɔn sɔn yɔ)
田村 다무라(ta mu ra)	박 종 원(pag jong won)
谷中 야나카(ya na kha)	이 성 원(i sɔng won)

日本名前	韓国名前
関根 세키네(se khi ne)	김 원 정(kim won jɔng)
渡辺 와타나베(wa tha na be)	이 주 현(i ju hyɔn)
森田 모리타(mo ri tha)	유 재 림(yu je rim)
佐々木 사사키(sa sa khi)	김 화(kim hwa)
遠藤 엔도(en do)	송 선 애(sɔng sɔn e)
上田 우에다(u e da)	이 종 수(i jong su)
吉村 요시무라(yo si mu ra)	김 수 연(kim su yɔn)
原田 하라다(ha ra da)	김 리 라(kim ri ra)
松本 마쯔모토／마쓰모토 (ma tʃu mo tho)	채 연 희(che yɔn hủi)
清水 시미즈(si mi jủ)	김 종 세(kim jong se)
田島 다지마(ta ji ma)	정 미 영(jɔng mi yɔng)
長谷川 하세가와(ha se ga wa)	김 지 혜(kim ji he)
高橋 다카하시(ta kha ha si)	박 선 영(pag sɔn yɔng)
山本 야마모토(ya ma mo tho)	배 민 영(be min yɔng)
藤原 후지와라(hu ji wa ra)	정 현 주(jɔng hyɔn ju)
本橋 모도하시(mo tho ha si)	이 미 정(i mi jɔng)
鈴木 스즈키(sủ jủ khi)	서 승 세(sɔ sủng je)
須藤 스도(sủ do)	박 은 숙(pag ủn sug)

形容詞	形容詞
가깝다 近い	까맣다 真っ黒だ
가볍다 軽い	깨끗하다 清潔だ
가엾다 かわいそうだ、哀れだ	나쁘다 悪い
간단하다 簡単だ	낫다 優れている、ましだ
간지럽다 くすぐったい	낮다 低い
간절하다 切実だ	넓다 広い
같다 同じだ、〜ようだ	노랗다 黄色い
강하다 強い	높다 高い
거칠다 荒い、粗い、乱暴だ	늦다 遅い
고맙다 ありがたい	다르다 異なる
고프다 空腹だ、ひもじい	달다 甘い
괜찮다 大丈夫だ、構わない	대단하다 はなはだしい
괴롭다 苦しい、つらい	더럽다 汚い
굉장하다 すばらしい、ものすごい	덥다 暑い
궁금하다 心配だ、気がかりだ	따뜻하다 暖かい
귀엽다 可愛い	뜨겁다 熱い
귀찮다 面倒だ、煩わしい	많다 多い
그렇다 そうだ	맛있다 おいしい
급하다 急だ、せっかちだ	맵다 辛い
기쁘다 うれしい、喜ばしい	멀다 遠い
길다 長い	미안하다 すまない、申し訳ない
까다롭다 ややこしい	밉다 憎い、醜い

形容詞	形容詞
바쁘다 忙しい	점잖다 上品だ、おとなしい
반갑다 (会えて)うれしい	정확하다 正確だ
부끄럽다 恥ずかしい	조용하다 静かだ
부럽다 うらやましい	좁다 狭い
빠르다 速い、早い	좋다 よい
새롭다 新しい	즐겁다 楽しい
쉽다 たやすい、容易だ	짜다 塩辛い
슬프다 悲しい	짧다 短い
시원하다 涼しい	차다 冷たい
싱겁다 味が薄い	착하다 よい、善良だ
아깝다 惜しい、もったいない	창피하다 恥ずかしい
약하다 弱い	춥다 寒い
예쁘다 きれいだ、かわいい	친하다 親しい
우습다 おかしい	크다 大きい
유명하다 有名だ	튼튼하다 丈夫だ、強固だ
이상하다 変だ、おかしい、怪しい	파랗다 真っ青だ
자세하다 詳しい	편하다 楽だ、たやすい
작다 小さい	하얗다 真っ白い
적다 少ない	훌륭하다 立派だ、見事だ
젊다 若い	

動詞	動詞
가다 行く	기울다 傾く
가르치다 教える	깎다 削る、刈る、値切る
가리키다 示す	깨다 壊す、(目が)覚める
가져가다 持って行く	꺾다 折る
가져오다 持って来る	꾸다 (夢を)見る、(金を)借りる
가지다 持つ	꾸미다 飾る
감다 (目を)閉じる、(髪を)洗う、巻く	끊다 切る、断つ
감추다 隠す	끝나다 終わる
건너다 渡る	나가다 出て行く
걷다 歩く	나누다 分ける
걸리다 かかる	나오다 出て来る
겪다 経験する	나타나다 現れる
견디다 耐える	날다 跳ぶ
계시다 いらっしゃる	남기다 残す
고르다 選ぶ	낳다 産む
고치다 直す、改める	내리다 降りる
구하다 求める、手に入れる	넘다 越える
굶다 飢える、(食事を)抜く	녹다 溶かす
굽다 焼く	놀다 遊ぶ
그리다 描く	누르다 押す、押さえる
기다리다 待つ	눕다 横になる、横たわる
기대다 もたれる	다니다 往き来する、通う

<table>
<tr><td>

다루다 扱う、取り扱う

다치다 けがをする、傷つける

다하다 尽きる、終わる、(力を)尽くす

닦다 磨く、ふく

달리다 走る

닮다 似る

당하다 ~に遭う

더하다 加える、増す

돌아가다 帰る、回る

돌아오다 戻る

돕다 助ける

듣다 聞く

들리다 聞こえる

떨다 震える

마시다 飲む

만나다 会う、出会う

만들다 作る

말하다 言う

맡기다 任せる、預ける

먹다 食べる

모이다 集まる

받다 受ける

</td><td>

배우다 学ぶ

보내다 送る、行かせる

보다 見る

복잡하다 混雑している

부르다 呼ぶ、歌う

빨다 洗濯する、吸う

사다 買う

살다 生きる

서다 立つ

세우다 立てる、止める

속다 だまされる

쉬다 休む

신다 履く

아끼다 惜しむ、大切にする

안다 抱く

앉다 座る

알다 知る、分かる

알아보다 調べる、見て分かる

열다 開く

오다 来る、戻ってくる

오르다 登る、あがる

옮기다 移す、伝える

</td></tr>
</table>

動詞	動詞
울다 泣く、鳴く	줍다 拾う
움직이다 動く、動かす	줄이다 減らす
이기다 勝つ	지나다 通り過ぎる
이끌다 導く	지내다 過ごす、暮らす
이루다 成し遂げる、築く	짓다 (ご飯を)炊く
일어나다 起き上がる	쫓다 追う
일하다 働く	찍다 (写真を)撮る
읽다 読む	차다 満ちる、蹴る
입다 着る	차지하다 占める
있다 ある、いる	참다 我慢する
잊다 忘れる	찾다 探す
자다 寝る、眠る	키우다 育てる
자라다 育つ	타다 乗る、燃える、焼ける
잡다 捕まえる	태어나다 生まれる
재다 測る	통하다 通じる
전하다 伝える	틀리다 間違う
정하다 定める、決める	하다 する
주다 与える、やる、くれる	향하다 向かう、面する
죽다 死ぬ	흔들다 振る、振り動かす

解答

해답

1 a-i-sŭ-ha-khi
ya-gu
sŭ-khi
the-ni-sŭ
pa-da
so-pha
na-bi
a-i

2 ① a-i
ta-ri
na-bi
mɔ-ri
khi
cha
na-ra
ɔ-di
pa-na-na
② sa-da
ka-da
ju-da
ma-si-da

1 chi-jŭ
yo-ri
phi-a-no
ho-bag

ki-cha
bɔ-sŭ
pho-do
tho-kki

2 ① ko-gi
ku-du
nu-gu
u-phyo
so-pho
o-hu
u-yu
po-ri-cha
② a-phŭ-da
khŭ-da
pe-go-phŭ-da
hŭ-ri-da
③ po-da
mo-rŭ-da
tu-da
o-da
ko-rŭ-da

1 pan-ji
mal
su-bag
chɔn-sa
ho-bag
jɔn-hwa
jɔn-gu
tal-ri-gi

2 pan-ji
mal
su-bag
chɔn-sa
ho-bag
jɔn-hwa
jɔn-gu
tal-ri-gi

3 말
수박
천사
호박
전화
반지
달리기
전구

4 ① 산
yag
mat
감
② ɔl-ma
친구
pi-bim-bap
③ 만나다
pan-gap-da
mal-ha-da
인사하다

1 chug-gu
ka-jog

re-mon

kol-phủ

nun-sa-ram

ku-rủm

kkot-ba-gu-ni

2 ① 돈

nun

mun

금

손

pom

② han-gug

일본

mi-gug

jung-gug

③ jong-gyo

공부

홍차

nog-cha

기분

chug-gu

④ chup-da

nủt-da

조용하다

pul-phyɔn-ha-da

충분하다

편리하다

⑤ 울다

top-da

mut-da

놀다

준비하다

un-dong-ha-da

jil-mun-ha-da

yɔn-sủp-ha-da

chul-gug-ha-da

피곤하다

돌아오다

ip-gug-ha-da

1 ke-gu-ri

he-ba-ra-gi

si-gye

pha-in-e-phủl

bi-heng-gi

be

2 ne-il

se-gye

ye-gi

ye-sul

we-ding

we-gug

kwa-il

won-go

kwi-gug

hwe-i

3 tho-kki

kko-ma

ttal-gi

ppang

ssal

tʃin-ppang

4 ① <u>ka</u>-ge

<u>kha</u>-sen-thɔ

<u>kka</u>-da

② <u>ta</u>-rim-jil

<u>tha</u>-i-ɔ

<u>tta</u>-rủ-da

③ <u>pa</u>-nủ-jil

<u>pha</u>-do

<u>ppa</u>-ji-da

④ <u>sa</u>-da

<u>ssa</u>-da

⑤ <u>ja</u>-da

<u>cha</u>-da

<u>tʃa</u>-da

1 ① 저는 김청락입니다.

② 저는 치바입니다.

③ 저는 성필수입니다.

④ 저는 마쯔이입니다.

2 ① 마이클 씨는 영국 사람입
니다.

② 쉬앤 씨는 중국 사람입니다.

③ 사사키 씨는 일본 사람입
니다.

④ 브라운 씨는 미국 사람입
니다.

3 ① 저는 영국 사람이 아닙니다.

② 저는 중국 사람이 아닙니다.

③ 저는 일본 사람이 아닙니다.

④ 저는 미국 사람이 아닙니다.

4 ① 삼촌은 의사입니다.

② 할아버지는 은행원입니다.

③ 동생은 학생입니다.
④ 어머니는 선생님입니다.

5 ① 누나도 회사원입니다.
② 야마자키 씨도 교수입니다.
③ 어머니도 의사입니다.
④ 동생도 은행원입니다.

1 ① 저것은 김치예요.
② 저것은 남대문이에요.
③ 저것은 비빔밥이에요.
④ 저것은 사과예요.

2 ① 그것 세 개 주세요.
② 저것 한 개 주세요.
③ 이것 전부 주세요.
④ 그것 아홉 개 주세요.

3 ① 그것은 이만 오천원이에요.
② 그것은 오만 팔천육백원이에요.
③ 그것은 십칠만 구백오십원이에요.
④ 그것은 오천삼백원이에요.

4 ① 두시 사십오분이에요.
② 한시 오분이에요.
③ 열한시 십오분이에요.
④ 열두시예요.

5 ① 연구해 주세요.
② 공부해 주세요.
③ 안내해 주세요.
④ 축하해 주세요.

1 ① 어떤 숙제를 합니까?
② 어떤 계절을 좋아합니까?
③ 어떤 친구를 만납니까?
④ 어떤 음악을 듣습니까?

2 ① 한국어 공부가 재미있습니다.
② 음식이 맛있습니다.
③ 옷이 쌉니다.
④ 지하철이 가깝습니다.

3 ① 한국어를 공부합니다.
② 김밥을 먹습니다.
③ 책을 읽습니다.
④ 친구를 만납니다.

4 ① 그것을 주세요.
② 영화를 보세요.
③ 담배를 피우세요.
④ 책을 읽으세요.

1 ① 사무실은 어디입니까?
② 은행은 어디입니까?
③ 편의점은 어디입니까?
④ 서점은 어디입니까?

2 ① 신촌은 어떻게 갑니까?
② 백화점은 어떻게 갑니까?
③ 학교는 어떻게 갑니까?
④ 서점은 어떻게 갑니까?

3 ① 연락을 하세요.
② 공부를 하세요.
③ 전철을 타세요.
④ 말씀을 하세요.

4 ① 은행에서 왼쪽으로 가면 보입니다.
② 도서관에서 뒤로 가면 보입니다.
③ 우체국에서 앞으로 꺾으면 보입니다.
④ 편의점에서 오른쪽으로 꺾으면 보입니다.

1 ① 이것 좀 읽어 주세요.
② 창문 좀 열어 주세요.
③ 저것 좀 입어 주세요.
④ 지금 좀 가 주세요.

2 ① 검정색도 있습니까?
② 브라운색도 있습니까?
③ 녹색도 있습니까?
④ 핑크색도 있습니까?

3 ① 좀 싸게 해 주세요.
② 좀 맵게 해 주세요.
③ 좀 짧게 해 주세요.
④ 좀 좋게 해 주세요.

4 ① 내일 와도 됩니까?
② 오늘 먹어도 됩니까?
③ 아직 있어도 됩니까?
④ 가끔 봐도 됩니까?

著者

임 종 수(林鍾守) _{イム ジョン ス}

啓明大学校日語日文学科卒業、同大学院卒業

日本立正大学大学院博士後期課程満期退学(国語学)

韓国延世大学校韓国語教師課程12期終了、日本国立国語研究所外国人研究員

現在、徐羅伐大学観光日語通訳科教授(休職日本滞在)

著書 『会話로 배우는 実用日本語(図書出版나랏말)』

　　　　その他、論文12編

배 진 영(裵晋影) _{ベ ジン ヨン}

日本女子大学日本文学科卒業、同大学院文学研究科日本文学専攻博士課程前期

現在、トラベルジャーナル旅行専門学校韓国語講師、在日済州道民協会青年部韓国語講師

在日本大韓民国民団東京荒川支部青年部韓国語講師

著書 『KOREAN FIRST STEP 1(하나出版)』

執筆協力

이 강 훈(李康勳) _{イ カン フン}

国民大学校韓国語教育大学院

駐韓米国韓国語講師(14年目)

著書 『KOREAN FIRST STEP 1(하나出版)』

読める 書ける ハングル
가장 쉬운 「한글 읽기 · 쓰기」

초 판 발 행	2003년 2월 20일
1 판 3 쇄	2005년 11월 1일
저　　　자	임종수 · 배진영
펴 낸 이	엄태상
펴 낸 곳	랭기지플러스
등 록 일 자	2000년 8월 17일
등 록 번 호	제 1 - 2178호
주　　　소	서울 강남구 역삼동 826-28

TEL 1588-1582 FAX 02-3671-0500
URL http://www.langpl.com
E-mail tltk@chol.com

ⓒ2003

• 이 교재의 내용을 사전 허가없이 전재하거나 복재할 경우 법
　적인 제재를 받게 됨을 알려 드립니다.
• 잘못된 책은 구입하신 서점이나 본사에서 교환해 드립니다.
• 정가는 표지에 표시되어 있습니다.

ISBN 89-402-0464-6-18710